Zur Erinnerung,

von Herzen!

[illegible]

TIM PRÖSE

Hans-Erdmann Schönbeck:
»... und nie kann ich vergessen«

TIM PRÖSE

HANS-ERDMANN SCHÖNBECK:

»... und nie kann ich vergessen«

Ein Stalingrad-Überlebender erzählt von Krieg, Widerstand – und dem Wunder, 100 Jahre zu leben

HEYNE <

Sollte diese Publikation Links auf Webseiten Dritter enthalten, so übernehmen wir für deren Inhalte keine Haftung, da wir uns diese nicht zu eigen machen, sondern lediglich auf deren Stand zum Zeitpunkt der Erstveröffentlichung verweisen.

Der Verlag hat sich bemüht, alle Rechteinhaber*innen ausfindig zu machen, verlagsüblich zu nennen und zu honorieren. Sollte uns dies im Einzelfall aufgrund des Zeitablaufs und der schlechten Quellenlage bedauerlicherweise einmal nicht möglich gewesen sein, werden wir begründete Ansprüche selbstverständlich erfüllen.

MIX
Papier aus verantwortungsvollen Quellen
FSC® C014889
FSC
www.fsc.org

Penguin Random House Verlagsgruppe FSC® N001967

Originalausgabe 2022

Redaktion: Dr. Heike Wolter
Bildredaktion: Tanja Zielezniak
Umschlaggestaltung: Hauptmann & Kompanie Werbeagentur, Zürich,
unter Verwendung eines Fotos von ©: Kay Blaschke /
Penguin Random House Verlagsgruppe
Satz: Uhl + Massopust, Aalen
Druck und Bindung: Friedrich Pustet, Regensburg
Printed in Germany
ISBN: 978-3-453-21830-7

www.heyne.de

Inhalt

Vorwort

Ich fahre zu einem Mann, den es eigentlich nicht mehr geben kann. Der gegen alles, was wir wahrscheinlich nennen, immer noch da ist: Hans-Erdmann Schönbeck.

Jedes Mal scheint es mir deswegen, als würde mich ein Traum einholen. Die Lichter im U-Bahntunnel ziehen in Leuchtspuren an mir vorbei. Alles da draußen löst sich für mich in Schemen auf. Als würde ich schnell und weit fortreisen. Dabei sind es nur 13 Stationen. Hinein in sein Gestern. Und in den Abgrund unserer Geschichte.

Es gleicht jedes Mal einem Sog. Mitten am Tag ist mir, als würde ich versinken. Ich muss dafür nur kurz die Augen schließen. Und schon gleite ich in eine andere Sphäre. Ganz so, wie es manchmal geschieht, wenn wir einschlafen. Wenn wir dieser Schwelle im frühen Schlaf begegnen, bevor wir das Jetzt für ein paar Stunden verlassen.

Doch ich schlafe nicht, ich bin hellwach. Meine Gedanken auf dem Weg zu Schönbeck aber erscheinen mir jedes Mal wie eine Zeitreise. Ich male mir diese Grauzone zwischen Leben und Sterben aus, in der er lebte und kämpfte. Denn davon handelt dieses Buch. Das Dunkel der Schächte, die ich hinter mir lasse, beschleunigt alles einmal mehr. Fast schon sehe und höre ich nichts mehr, was um mich ist, nehme die Menschen kaum noch wahr. Und es katapultiert mich in ein anderes Land. Nach Russland.

Mir stehen Bilder aus diesem Land vor Augen, die ich aus den alten Filmen der »Wochenschau« und all den Dokumentationen kenne. Hunderte Male haben sie sich eingenistet in meine Sinne. Gestalten mit Gewehren hasten durch diese Bilder. Schattenrissen gleich. Sie feuern. Sie fallen in den Staub und sinken auf Trümmer. Sie sterben. Fast immer.

Alles andere verschwindet in Schlieren. Dann steige ich aus, eine Rolltreppe trägt mich aus dem U-Bahnschacht zurück in den Tag. Meine Gedanken lichten sich.

Gleich stehe ich vor seiner Tür in München. Wenn er sie öffnet, werde ich kurz zurück im Heute sein, im Augenblick. Aus Freude, weil wir uns wiedersehen. Dann werden wir wieder ins Gestern einsinken wie in ein Meer.

Schönbeck geht es ähnlich. Auch er taucht in seinen Gedanken immer wieder noch ins Damals. Und träumt nachts manchmal noch vom Krieg. Aber auch davon, dass er immer noch lebt.

Sein Traum wird wahr, wenn er aufwacht. Deswegen lächelt er an jedem Morgen, an dem er die Augen öffnet. Auch wenn das Erwachen in seinem Alter oft schmerzt.

Eigentlich hätte er damals erfrieren müssen. Wieso hat ihn die Kälte in Stalingrad, es waren 30 Grad minus, nicht erstarren lassen? Wenn ich gleich in seinem Wohnzimmer stehe, beschlägt meine Brille, weil er die Heizung immer ein wenig zu weit aufdreht.

Er hätte verbluten müssen. Die Wunde in seinem Rücken riss ein Loch von seiner Schulter bis zu seinem Rückenmark. Doch wie immer wird er gleich versuchen, gerade zu sitzen. Mit dem einen Schulterblatt, das ihm blieb. Und mit den vielen Jahren, die ihn gebeugt haben.

Er hätte verhungern müssen. Da war kaum mehr als Haut und Uniform, als der Rest von ihm, der noch übriggeblieben war, sich wieder und wieder aufbäumte. Heute steht Gebäck aus Italien auf seinem Wohnzimmertisch. Und eine Flasche von edlem Weißwein liegt im Kühlschrank. Wir trinken nach jedem unserer Treffen ein Glas. Auf das Leben.

Wir versuchen dann, ein bisschen zu lächeln. Weil »Hansi«, wie ihn seine Lieben nennen, so gern und viel gelacht hat in seinem Leben. Trotz allem. Das Lächeln ist ihm immer geblieben. Es ist sein ganz privater Triumph. Sein höchstpersönlicher Sieg als Überlebender eines Untergangs.

Damals, mit 19, blieben ihm fast nur noch seine Knochen. Und auch die hätten heute irgendwo unter dem Gras der russischen Steppe liegen können. Wie jene so vieler seiner Kameraden. Das wäre wahrscheinlicher gewesen als alles andere.

Und dann war da ja noch sein »Führer«. Der hatte kein Erbarmen und verlangte den Heldentod. Den Kampf bis zum letzten Mann. Als der dann zu seinem Ende kam, verriet der oberste Feldherr seine Soldaten. Und beschloss ihr Sterben. Obwohl er die meisten von ihnen mit einem einzigen Befehl hätte retten können.

Hans-Erdmann Schönbeck war einer von rund 300 000 Männern, die eingeschlossen waren in Stalingrad. Ihren Tod hatte man in Deutschland vorgesehen. Hansis Tod und das Sterben so vieler anderer. In dem Deutschland meiner Großväter.

Ich steige in den Fahrstuhl, der mich zu ihm bringt. Elf Stockwerke trägt er mich in die Höhe. Und einmal mehr hinein in eine andere Zeit.

Ich werde Zeuge eines allerletzten Zeugen.

Aber ich schreibe kein klassisches Geschichtsbuch mit ihm als Kronzeugen, wie man vielleicht denken könnte. Auch keines über die neuste historische Forschung oder Wissenschaft. Dieses Buch ist ein Porträt über einen Überlebenden. Ein Nachdenken und noch mehr ein Nachfühlen über Leben und Sterben und über das Weiterleben nach einem Beinahe-Ende. Es ist auch eine Spurensuche nach Menschlichkeit in einer damals unmenschlichen Zeit. Auch deswegen ist es ein Antikriegs-Buch.

Ich möchte noch einmal jemandem nahekommen, den es bald nicht mehr geben wird. Denn mit Schönbeck sterben in diesen Zeiten die Letzten, die in diesem Krieg gekämpft hatten. Und jene, die in diesem Krieg verfolgt wurden und davongekommen waren.

Dieses Buch möchte aus dem großen Schweigen heraustreten, das in so vielen deutschen Familien so lange und bedrückend geherrscht hat, wenn es um das Erinnern und Erzählen ging. In diesem Schweigen heilten die Seelen-Wunden der Verwundeten nicht.

Schönbeck aber zeigt seine Seele. Ich bin deswegen gerührt, wenn ich ihm begegne. Ihm und all dem, durch das er damals ging. Ich will mir das nicht gleich anmerken lassen, aber er spürt es. Und hilft mir aus diesem Moment heraus. Mit seiner Heiterkeit. Ich kann mich auf sie und ihn verlassen. Denn ich höre ihn schon durch die Wohnungstür fröhlich rufen.

Die Freude ist groß. Jedes Mal.

Hansi hat überlebt.

Tim Pröse
München, im November 2021

Ich freue mich, wenn Sie mir schreiben:
und-nie-kann-ich-vergessen@web.de

Einleitung: Stalingrad in ihm

Etwas von Stalingrad ist noch in ihm. Ein paar Splitter, die ihn töten sollten. Sie sind Schönbeck geblieben, ein Leben lang. Sie stecken fest in seinem Rücken, bis heute. Acht Jahrzehnte lang gehören sie nun schon zu ihm. Es sind Granatsplitter.

Oft lassen sie ihn tagelang in Ruhe und mit etwas Glück auch ganz in seinem Jetzt sein. Doch gerade, wenn er sie lange nicht gespürt hat, weiß er, dass sie ihn bald schon wieder schmerzen werden.

Stalingrad ist ein Schmerz, der nicht vergeht. So wie die Vergangenheit nicht vergeht. In seiner Schulter nicht. In seiner Seele nicht. In Deutschland nicht.

Stalingrad, das war ein Menetekel. Eines mit etwa mehr als einer Million gefallener Soldaten und einer halben Million toter Zivilisten. Die unerbittlichste und grausamste Schlacht des 20. Jahrhunderts. Wenn dieses Buch erscheint, wird an ihren Beginn vor 80 Jahren im August 1942 auf der ganzen Welt erinnert werden.

Stalingrad war zudem die große Wende im Zweiten Weltkrieg, vor allem eine psychologische. Der Beginn einer neuen Zeitrechnung. Der bis dahin unaufhaltsam geglaubte Feldzug Hitlers kam endgültig zum Stehen. Und so war Stalingrad in all seinem

Schrecken auch der Anfang eines nicht mehr fernen Ende des Grauens. Denn der blitzartige und für viele Völker und Verfolgte todbringende Vormarsch der Wehrmacht war nun gestoppt.

Schönbeck fühlte lebenslang, dass er das Sterben von Stalingrad nicht würde vergessen können. Und wenn das schon so war, dann war es doch besser, sich ihm zu stellen, als es zu verdrängen. Schönbeck stellte sich immer allem in seinem Leben. Deswegen war er sehr erfolgreich. Er war ein Topmanager in der Automobilindustrie.

Und er beherrschte die Kunst, zu leben. Wirklich zu leben. Auch wenn ihn das Sterben einiges gelehrt hatte. Denn eigentlich hätte er ja sterben müssen. So wie Hunderttausende Russen und wie fast die ganze 6. deutsche Armee in Stalingrad starben.

Doch auch wenn Stalingrad bis heute in ihm geblieben ist, so ist um ihn herum immer noch München. Eine Stadt wie ein Trost. Jeden Tag schaut er von seinem Fenster in einer Seniorenresidenz hinunter auf diesen Ort, der gut zu ihm war und ist. Von hier oben blickt er an manchen Tagen, die wie aus Glas sind, bis zur Alpenkette. Er kann ihre Gipfel zählen, wie sie sich vor seinem Blick ausbreiten wie die Zähne eines Sägeblatts. So scharf umrissen sind sie an guten Tagen. Auf manchen von ihnen liegt Schnee.

Harmlos glitzert er als Postkartenmotiv vor seinen Augen. Er hat so gar nichts gemein mit dem Schnee, dem verfluchten, seiner Erinnerung. Und auch nichts mit der Kälte. Seit dieser Zeit hat er ein anderes Gefühl für Schnee. Er weiß um seine tödliche Macht.

Herr Schönbecks Gespür für Schnee hat einen traurigen Grund: In und um Stalingrad starben etwa 226 000 deutsche Soldaten und weitere 300 000 Verbündete, unter ihnen viele Rumänen, die rund um Stalingrad den Tod fanden. Etwa eine Million Russen. Hitlers Überfall auf Russland war von ihm von Anfang an als Vernichtungsfeldzug geplant.

91 000 deutsche Soldaten gingen in Gefangenschaft.

Nur etwa 9000 von ihnen kehrten in ihre Heimat zurück.

Wir haben längst Frühling. Der Mann, der in Breslau im heutigen Polen zur Welt kam, hat hier oben seinen Frieden gefunden. Er hat es sich behaglich gemacht. Und er fühlt sich hier sicher und umsorgt. Aber eine falsche Bewegung reicht schon. Dann schmerzt der Krieg wieder in ihm, dann stechen die Splitter noch einmal zu. Oder die Erinnerungen.

Er nimmt beides mit einem sonderbaren Gleichmut hin, mit seinem immer gleichen Lebensmut. Und mit einer geradezu ansteckenden Heiterkeit. Wer in seiner Nähe ist, den lässt er gleich ein bisschen leichter und gelassener sein. Denn wenn Schönbeck alles so tapfer geschultert hat und trotzdem stets heiter blieb, möchte man selbst doch bitte nicht nachstehen und versucht, zurückzulächeln.

Dieses Muntere und Lebensbejahende hat ihn nun fast ein Jahrhundert lang getragen. Auch aus seinem Gestern immer wieder ins Heute. Für den Mann mit den Splittern in der linken Schulter ist die Vergangenheit gegenwärtig. Schönbeck trägt die Geschichte unter seiner Haut. Nicht bloß dort, wo das Geschoss sein linkes Schulterblatt zerstört hat. Sondern im Herzen. Denn er ist ein herzlicher Mensch.

Er klagt nicht, denn er sollte viel zu früh im Leben lernen, allen Schmerz mit sich selbst auszumachen. Hart und rücksichtslos sollte er werden, so hat es Hitler von ihm verlangt.

Aber Hansi blieb immer der eine. Das hat ihn von Beginn bis zum Ende der Nazis weit von ihnen entfernt.

Wie so viele Heimkehrer hat er selbst seinen Kindern und Enkelkindern immer nur kurz und knapp vom Krieg erzählt. Stets nur in kleinen Dosen, am besten bloß diese wenigen, fast harmlosen Anekdoten, die er extra für sie auf Lager hatte. Wenn er die darbot, hat er immer versucht, dabei auch noch zu lächeln. Nie hat er ihnen die ganze Geschichte erzählt. So wie er das jetzt hier tut. Weil er niemanden traurig machen und belasten wollte, schon gar nicht seine Liebsten. »Krieg ist unbeschreiblich«, hat er immer dann gesagt, wenn jemand nachgehakt hatte.

Aber auch, weil Schönbeck lieber darüber sprach, wie viel Glück er im Leben gehabt hatte, ganz viel sogar: »Es hat mich niemals verlassen«, sagt er.

Doch jetzt ist er so weit. Hans-Erdmann Schönbeck hat sich entschlossen. Er wird für dieses Buch am Ende seines Lebens noch einmal zurückkehren an dessen Anfang. Nach Stalingrad wird er sich zurückdenken. Zurückfühlen. Zurücktasten. Er ist dazu bereit.

Es ist an der Zeit. Am 9. September 2022 wird er vielleicht hundert Jahre alt werden.

Und vorher? Vorher wird er in seinen Erinnerungen noch einmal am Bahnsteig stehen mit seiner Liebsten. Er wird ihre Hand loslassen und in den Zug steigen, der ihn nach Russland bringt.

Er wird noch einmal Fahnenjunker der 11. Panzerdivision, später Leutnant und Oberleutnant im 24. Panzerregiment sein und dort eine Schwadron und eine Zeit lang sogar eine ganze Abteilung führen.

Er wird noch einmal in den Panzer steigen, mit dem er bis an die Wolga stürmt, mit dem er ein fremdes Land überfällt.

Er wird noch einmal in einem Erdloch liegen mit einer Pistole und einer letzten Patrone in der Hand, weil er überlegt, nicht mehr leben zu wollen, bevor die Russen ihn finden. Er hört sie doch längst kommen. Das Donnern ihrer Geschütze dringt Stunde um Stunde näher an sein Versteck im Boden.

Er wird noch einmal Graf Stauffenberg anschauen und gebannt sein von seiner Aura, mit der er Schönbeck sofort für sich einnimmt.

Er wird noch einmal in seinen Gedanken im Mauerwald in der Nähe des Führerhauptquartiers Wolfsschanze sein und dort in seiner Baracke wochenlang neben der Bombe schlafen, die Hitler töten sollte.

Und er wird auch noch einmal vor dem Mann stehen, der seiner 6. Armee verboten hatte, aus dem Kessel von Stalingrad auszubrechen und der sie damit aufgegeben und verraten hatte: Hitler.

Schönbeck wird im Jahr 1943 tatsächlich vor ihm stehen und ihm ins Weiße seiner Augen sehen. Er wird erst die Hand zum Hitlergruß heben und sie danach an seine Pistolentasche legen. Und dabei wird der eine Gedanke in ihm brennen: »Los! Du kannst es doch jetzt tun! Wieso erschießt du ihn nicht?«

Er weiß, dass beim großen Erinnern für dieses Buch alles Schreckliche und hoffentlich auch etwas von all dem Schönen in seinem Leben noch einmal an ihm vorbeiziehen wird. Vielmehr durch ihn hindurch. Vielleicht so, wie man das von Menschen hört, die dem Tod sehr nahe waren und noch einmal zurückkehrten ins Leben.

Schönbeck ist solch ein fast Gestorbener und solch ein Rückkehrer ins Leben. Er trägt gern maßgeschneiderte Jacketts, dazu Manschettenknöpfe an seinen korrekt gebügelten Hemden und Budapester Schuhe. Die 80 Jahre, die er nach seinem Beinahe-Tod in einer zerrissenen Uniform erlebte, waren eine einzige wunderbare Zugabe.

Es erhebt, diesem Mann dabei zuzusehen, wie sich Dank und Demut in sein Gesicht stehlen, wenn er sich an all die Jahre danach erinnert. Und mit wie viel Mitgefühl für die Opfer er das tut, deren Leben in Stalingrad endete.

Erst als ich seine Stimme noch einmal auf meinem Aufnahmegerät anhöre, fällt mir endlich ein, an wen sie mich die ganze Zeit erinnert hat: an die legendäre Stimme von Professor Bernhard Grzimek, der uns mit in unbekannte Länder nahm, mitten aus den Wohnzimmern unserer Kindheit. In die Serengeti statt nach Stalingrad. Und der wie Schönbeck aus Schlesien stammte.

Dieser Ton in seiner Stimme. Er näselt ein bisschen und klingt doch wach, als würde er nach etwas forschen. Ich denke an eine vom Aussterben bedrohte Art. Nicht nur jene zu sprechen. In den Sätzen dieser Menschen lagen Wissen, Leid, aber auch Abenteuer und Abgründe. Ich freue mich, dieser Art und Weise zu reden auf den Bändern noch einmal zu begegnen.

Sie gehörte Männern und Frauen dieser Zeit, die etwas zu sagen hatten. Sie sagten es niemals nebenbei oder einfach so dahin, eher schneidig. Sie trugen es vor. Hans-Erdmann Schönbecks Stimme hat auch dieses Knistern und zudem dieses Eindringliche alter Stimmen. Sie kommt in Zitaten in diesem Buch zur Geltung und in eigenen Kapiteln, die sich mit den von mir erzählten oder beschriebenen abwechseln – sie sind in zwei verschiedenen Schriftarten gedruckt.

Fast klingt Schönbecks Stimme wie auf alten Schellackplatten, mit all ihren Kratzern und ihrem Staub zwischen den Rillen. Brüchig mitunter, weil sie nach dem sucht, was war. Weil sie schürft. Mit Gefühl und Charisma. Diese Stimme beginnt nun zu erzählen.

Das erste Gefecht

Jeder von uns hoffte, dass es keinen Krieg geben würde. Und als ich dann doch in ihn ziehen musste, waren da die vielen, vielen Tränen der Mutter. Mein Vater legte mir immer wieder seine Hände auf beide Schultern. Zuletzt sagte ich oft »Auf Wiedersehen« zu meinen Eltern, weil wir doch wirklich darauf hofften.

Natürlich war dieser Abschied wie jeder Abschied traurig und schwierig. Aber es war auch ein selbstverständliches Weggehen. Denn so bin ich aufgewachsen, das zieht sich wie ein roter Faden durch die Familiengenerationen. Es galt immer: Man hat dem Vaterland zu dienen. Der Dienst am Vaterland war etwas Selbstverständliches, das kann man sich heute kaum noch vorstellen. Und so zog ich in den Krieg. Für meinen Vater und mich war es, und das sage ich noch einmal, eine Selbstverständlichkeit.

Für meine Mutter war es schwerer als für meinen Vater, denn sie selbst hatte ihren Vater, meinen Großvater Otto von Bernuth, 20 Jahre zuvor im Ersten Weltkrieg verloren. Und dieser Schmerz saß ja noch in der Familie.

Heute stellen wir uns solche Fragen oder sie werden uns gestellt: Warum hast du dieses getan? Warum hast du jenes getan? Weil die Situation so war, die Zeit. Das verfolgt uns alle, unser ganzes Leben lang.

Wir ahnten allenfalls, was uns bevorstand, aber natürlich wussten wir es nicht. Das wurde uns bald schon beigebracht. Wir lagen mit unserer Panzereinheit in Wien. Unser Standort jedoch war Sagan in Schlesien. Das Panzerregiment 15 war eine stolze Einheit. Ich sage das deshalb, weil dieses Regiment im Kern aus lauter Offizieren bestand, die wie ich von einem der vielen landwirtschaftlichen Güter in Schlesien kamen. Es gab dort ja kaum etwas anderes als diese Landgüter und vielleicht noch die Kohleindustrie.

Anders als unsere Väter gingen wir nicht mehr zur Kavallerie, sondern man ging zur Nachfolgetruppe, und das waren die Panzerleute. Die schnelle Truppe nach vorne.

Von Wien aus wurde unser Regiment bahnverladen. Wir alle wussten nicht, wohin. Dass es kein leichtes Ziel sein würde, das ahnten wir. An dieser Stelle wurde es mir persönlich plötzlich schwer ums Herz.

Wien war zu dieser Zeit voller Soldaten verschiedenster Couleur. Wir waren zusammengepfercht in den Kasernen. Doch als wir Ausgang hatten, traf ich ein Mädchen. Elisabeth. Sie war eine Russin, die noch bei ihren Eltern in Wien lebte. Sie suchte den ersten Schwarm, ich fand sie bezaubernd. Wir fanden uns. Aus dem kleinen Schwarm wurde schnell ein riesengroßer. Und dann auch Liebe. Es hatte mich voll gepackt. Sie war nicht meine erste Liebe. Ich hatte schon etwas Übung.

Wir hatten wunderschöne Augenblicke. Aber Ausgang hatten wir nur bis 22 Uhr. Bis dahin musste ich unbedingt in der Kaserne sein. Und daran hielt ich mich. Es gab strenge Strafen, wenn man den Zapfenstreich übertrat. Das bedeutete für Elisabeth und mich, dass wir uns jeden Abend früh voneinander trennen mussten.

Als wir verladen wurden, stand sie – wie zahllose andere Frauen, Mütter und Väter – in Wien an der Bahnsteigkante. Es hatte sich eine Ahnung herumgesprochen: Da wird was Schlimmes passieren. Dann gingen die Klappen zu, und der Zug rollte.

Ich sehe Elisabeth bis heute da stehen. Und winken, winken, winken. So lange, bis wir um die letzte Kurve waren.

Und wir fuhren und fuhren ... erst durch Deutschland, dann durch Polen. Nein, eigentlich nicht: Dieses Polen hieß seit Kurzem ebenso Deutschland.

Da hockte ich also im Zug, der mich ins Ungewisse fuhr. Und mir standen noch die Bilder der vergangenen Monate vor Augen. Ein einziges Was-wäre-wenn. Ein großes Beinahe. Denn um ein Haar wäre ich in einen Abgrund gelaufen.

Damals saß ich noch in meiner Abiturklasse in Ohlau an der Oder nahe Breslau. Es war 14 Tage nach der Kriegserklärung. Wir hatten Geschichtsunterricht. Plötzlich öffnete sich die Tür unseres Klassenraums. Recht kleinlaut stand der Direktor unserer Schule vor uns und sagte: »Jungs, es passiert etwas ganz Tolles! Ihr werdet jetzt nach Breslau gefahren. Dort werdet ihr bis morgen Abend bleiben. Ihr werdet das Glück haben, in eine SS-Kaserne zu kommen. Dort werdet ihr untergebracht. Und werdet aus der Gulaschkanone gut versorgt. Ihr werdet auch anständige Betten haben. Denn ihr müsst eine körperlich und geistig anspruchsvolle Prüfung bestehen. Die Besten von euch werden ausgewählt und haben das große Glück, zur Leibstandarte von Adolf Hitler zu kommen! Solch eine Ehre wird euch nur einmal im Leben zuteil!

Also, Jungs, die Laster stehen schon unten im Hof. Ich rufe eure Eltern an. Eure Sachen bleiben alle hier. Die Mädchen dürfen nach Hause gehen ... So, alles hier liegen lassen, es geht los! Es wird nichts weggenommen. Dafür sorge ich.«

Beeindruckt, betroffen und benommen von diesem Schreck stiefelten wir hinter den drei SS-Offizieren her. Dann wurden wir auf die Lkws verteilt. Und auf ging es in Richtung Breslau.

Wir waren nicht die Einzigen. Alle Abiturienten deutscher Schulen in Schlesien wurden an diesem Vormittag nach Breslau gebracht. Und fast alle waren auch begeistert. Denn es wurde uns dazugesagt: »Wenn ihr diese Prüfung besteht, dann wird euch das Abitur geschenkt. Dann kommt ihr bald wieder hierher zurück und habt das Abitur in der Tasche.«

Nachdem sich die Überraschung gelegt hatte, erfasste uns Jungs tatsächlich eine Art Aufbruchstimmung. Der SS war es in einem Husarenritt gelungen, uns zu begeistern. Wir durchschauten ihre teuflische Taktik nicht. Man hatte uns zusammengetrommelt, ohne dass wir ein arges Gefühl hatten. Wir hatten sogar das Gefühl, wir seien Teil von etwas Bedeutendem. Das war derart böse ausgeklügelt von der SS. Unsere

Eltern hatten keine Möglichkeit zu sagen: »Nein, nein, Junge, du bleibst zu Hause!« Oder irgendetwas. Das war perfide bis ins Letzte. Teufelswerk.

Wir wurden zunächst körperlich geprüft. Auf einem Sportplatz. Vor allem wurde getestet, ob man Ehrgeiz hatte. Ob im Weitsprung, im Hochsprung, im 100-Meter- oder 1000-Meter-Lauf – immer hatte die SS ganz genau im Auge, ob man der Erste sein wollte oder nicht. Dann ging es zum Geräteturnen. Damit war der Vormittag gelaufen. Am nächsten Tag sollte ein psychologischer Test folgen.

Mein Vater war zu dieser Zeit als Offizier reaktiviert. Als Oberstleutnant in Breslau war er für die Rekrutierung der gesamten jungen Bevölkerung im Wehrkreis VIII zuständig.

Während der Mittagspause schaffte ich es kurz unter einem Vorwand aus der Kaserne heraus. Ich rannte zu einer Telefonzelle und rief meinen Vater an. Der war Gott sei Dank in seinem Büro. Ich sagte ihm, was gerade passiert war. Nachmittags, so sagte ich ihm, kämen nun andere Prüfungen dran. »Ist das nicht toll, Papi?«, sagte ich. Seine Antwort war ein langes Schweigen.

Ein Schweigen, dass es mir vor Angst mulmig wurde. Denn dass mein Vater nicht antwortete, das kannte ich von ihm in dieser Form nicht. Dann sagte er: »Junge, wo bist du? Du bleibst genau dort und unterschreibst nichts, hörst du! Auch wenn sie dich zwingen wollen. Du unterschreibst nichts, bis ich komme. Und ich komme!«

Ich sagte nur: »Ja, Papi, ja«, und trottete wie ein begossener Pudel zurück in die Kaserne. Ich reihte mich ein, der Nachmittag hatte begonnen. Wir mussten nochmals zu irgendwelchen körperlichen Prüfungen. Wir sollten ja nordisch-arisch sein. Was bei meinen dunklen Haaren natürlich schwierig war. Mit Turnhose bekleidet stand ich da. Und dann passierte eine ähnliche Szene wie in der Schule. Die Tür ging auf, zwei der drei SS-Offiziere, die uns schon bisher begleitet hatten, traten ein. Zusammen mit meinem Vater. »Ist hier ein Hans-Erdmann Schönbeck?«, rief der eine SS-Mann. Ich antwortete: »Jawohl!«

Mein Vater rief: »Jungs, ich erzähle euch was. Es ist toll, dass unser Führer euch braucht. Ich kann euch sagen, dass ich der beauftragte Offizier für Schlesien bin, um euch eines Tages abzurufen. Aber hier ist ein Fehler passiert. Ihr seid von der SS heute hierhergebeten worden. Wir wissen, dass ihr für unseren heiß geliebten Führer zur Stelle seid. Deswegen ist dieser Fehler nicht schlimm. Nun aber, Jungs, werdet ihr, und das habe ich veranlasst, wieder nach Hause gefahren. Und dann, zur rechten Zeit, wenn ihr dran seid, dann werdet ihr einberufen werden. Dafür sorge ich. Und auch dafür, dass ihr in die richtigen Regimenter kommt. Also, Jungs, macht's gut.« Und dann sagte er leise zu mir: »Hans-Erdmann, komm mit.«

Autofahrt nach Hause. Unterwegs kein Ton. Weder vom Vater noch von mir. Dass meinem Vater dieser Parforceritt bei der SS gelungen war, war unglaublich. Aber er hatte sich damit natürlich auch verdächtig gemacht. Er hatte hohes Risiko gespielt. Das war für ihn und unsere Familie natürlich gefährlich. Ich sage immer, seitdem hatte unsere Familie einen roten Vermerk in der Karteikarte.

Zu Hause in Breslau angekommen, umarmte mich mein Vater. Er sagte: »Junge, jetzt wollen wir mal in aller Ruhe besprechen, was wir mit dir machen. Wir haben Zeit. Heute machen wir irgendwas Schönes, wenn wir uns hier ausgesprochen haben. Morgen musst du dann wieder in die Schule.« Von meiner Mutter bekam ich rechts und links einen Kuss. Es gab Süßigkeiten, und so langsam kam ich wieder zu mir. Denn natürlich merkte ich, dass in meinem Leben irgendwas Schlimmes passiert war. Und dass meine Familie sich sehr um mich gesorgt hatte.

Ich war 17, ich konnte ja denken. Trotzdem hatte ich nicht verstanden, was für einer Gefahr ich entronnen war. Die Schwere der Stunde und die Schwere des Tages, das war mir alles durchaus bewusst. Allerdings konnte ich sie noch nicht ganz einordnen. Nicht nachvollziehen, was es für mich bedeutet hätte, wenn ich tatsächlich bei der SS und vielleicht dann noch bei der Leibstandarte Hitlers gelandet wäre.

Aus mir hätte einer der vielen »Helden« werden sollen, die entweder im »Kampf für den Führer« schnell verheizt worden wären. Oder ich hätte nach dem Krieg das Kainsmal der SS tragen und es ein Leben lang behalten müssen. Vielleicht hätte ich mich in der SS auch schuldig gemacht für immer. Umso dankbarer war ich meinem Vater. Aber ich bin mir sicher, dass ich mich dagegen auch selbst gewehrt hätte.

Nur kurz hing ich noch meinen Träumen nach. Denn uns Jungs war ja bekannt, dass die Leibstandarte

Adolf Hitler eine Elitetruppe war. Bis ins Letzte ausgebildet. Und vor allem, darauf waren wir als junge Kerle immer so neidisch, schwer bewaffnet. Die hatten von der Pistole über die Kanonen bis zu den Panzern alles, was sie brauchten, in dieser Division. Dass sie aber auch Kanonenfutter waren, kapierten wir erst viel später.

Am nächsten Tag fuhr ich wieder nach Ohlau und ging weiter brav in die Schule. Natürlich hatte ich es mir bei allen verschissen. Nur nicht bei den Mädchen. Wir hatten fünf Mädchen in der Klasse. Die haben mich getätschelt. Da war keine, in die ich verliebt war oder umgekehrt. Aber denen tat ich leid. Zusammen legten wir bald schon das Kriegsabitur ab.

Im Sommer 1941 saß ich dann trotzdem in einem Zug, von dem ich erst einmal nicht wusste, wohin er fahren würde. Wir durchquerten Polen, was von uns in diesem »Blitzkrieg« überrannt worden war. Bald kamen wir an die russische Grenze. Und damit wussten wir: Es geht gegen Russland. Und in diesem Augenblick ahnten sehr viele Offiziere, auch die Mehrheit der Generalität, eben alle, die denken konnten, dass der Krieg verloren war. Auch mir leuchtete das ein.

Uns allen war klar, dass ein Zweifrontenkrieg für Deutschland nie zu gewinnen war. Und damals begann er gerade.

Im Westen war die deutsche Armee unglaublich erfolgreich gewesen, hatte halb, ach, ganz Europa erobert. Sie war in Afrika und hätte längst stoppen müssen. Schon was die Masse der Menschen betrifft. Man hätte alles mit ein wenig Diplomatie so halten können. Aber man hatte uns ja immer weisgemacht, dass wir die besten Soldaten der Welt seien. Dass wir das schon machen würden. Wir waren doch schon so weit gekommen, da würden wir nun auch die Russen besiegen. Das würde zwar schwer, aber es sei natürlich zu schaffen. Wenn wir erst einmal in Moskau wären, würden wir es denen schon zeigen! So die Propaganda.

Wir wussten damals eben immer noch nicht, wie brutal längst gehandelt, gedacht und geplant wurde. Das war uns noch nicht klar. Wir dachten immer noch, in einer »anständigen« Armee mit einer »anständigen« Führung zu dienen.

Kurz vor der russischen Grenze brachte man uns in Stellung. Zwei Tage später begann es nicht mit uns Panzern, sondern erst mit den Infanteristen. Es kam zu Scharmützeln. Am nächsten Tag ging unser richtiger Angriff mit einem unglaublichen Bombardement vor uns los, durch unsere Artillerie, die hinter uns stand, und durch unsere Luftwaffe. Ich hatte mir so etwas nicht vorstellen können, obwohl ich ja darauf trainiert gewesen war. Es war ein Inferno aus der Luft. Die Erde vor uns zitterte.

Danach traten dann erst unsere Panzergrenadiere an, die sich bereits in ernsten Gefechten verflochten hatten. Allerdings stießen sie noch nicht direkt auf die gesamte russische Truppe, sondern zunächst auf eine Vorhut.

Für mich selbst begann der Krieg in meiner Erinnerung ganz plötzlich an einem Abend, als die ersten schwer verwundeten Kameraden der Grenadiere auf

Tragen das letzte Stück zu uns zurückgeschleppt wurden. Diese armen Kameraden aus meiner Division, aus meinem Regiment, würde ich also vermutlich nie mehr wiedersehen. So schlimm waren sie dran. In mir stieg die Angst bis in die Haarwurzeln hoch. Und ich erkannte zum ersten Mal: So also ist Krieg. Das ist der Krieg.

Die Angst, die ich in den ersten zwei oder drei Tagen im Kampfeinsatz hatte, war wie ein elektrischer Schlag. Der ging ganz durch mich durch, ich konnte das zunächst nicht ablegen.

Ich fuhr in einem Panzer mit einer 2-Zentimeter-Kampfwagenkanone und einem schweren Maschinengewehr. Das war der kleinste Panzer, den die deutsche Armee damals hatte. Wir waren zu dritt in diesem Panzer, und ich hatte meine erste kleine Beförderung bereits hinter mir. Ich war nun Gefreiter und ganz stolz als Kommandant des Panzers im Turm. Wir fuhren los. In unser erstes großes Feuer hinein. Man sieht das ja aufblitzen am Horizont und hofft, dass es nicht auf einen selber gerichtet ist.

Ich fuhr in dieses Gefecht hinein. Was nun kam, werde ich mein Lebtag nicht vergessen. Denn mein Panzer blieb stehen. Nur warum blieb er da stehen, wie eine Zielscheibe? Weil mein Fahrer plötzlich ausstieg und schreiend und weinend in Richtung Heimat lief. Was war los? Dem armen Kerl, der zuvor tapfer den Balkanfeldzug durchgemacht und das Eiserne Kreuz dafür bekommen hatte, waren die Nerven durchgegangen. Denn er sah, dass die russischen Panzer unseren die Türmchen weggeschossen hatten. In jedem von ihnen steckte der Kopf des Kommandanten. Und nun hielten sie auf unseren Panzer zu.

Die T34 der Russen konnten genau zielen. Wir kannten diese Panzer noch nicht. Mein Fahrer war einfach panisch geworden. Was hatte ich nun zu tun? So schnell war ich in einem Panzer noch nie auf einem anderen Platz. Ich rutschte auf den Fahrersitz und raste los.

Bald zogen wir uns zurück. Und auch die Russen zogen sich zurück. Beide Seiten mit schweren, schweren Verlusten. Damit endete mein erster Kampftag.

Ich wurde nach diesem Gefecht in einen anderen Panzer gesetzt, mit einer 5-Zentimeter-Kanone. Nun wurde ich Richtschütze. Ich saß also an der Kanone und musste schießen. Ich hatte fürchterliche Angst und die Hosen voll, nach dem, was am ersten Tag geschehen war. Man hat uns weisgemacht, dass wir über die besten Panzer in diesem Krieg verfügten, aber das war nicht wahr. Der T34 war uns überlegen.

Über die Rote Armee als kämpfende Truppe wussten wir zu Beginn so gut wie gar nichts. Uns Panzerleuten wurde gesagt, wir seien ihnen sowieso überlegen. Und dass wir auch die russischen Panzer nicht zu fürchten brauchten.

Die beiden Hansis

Einmal in den sechs Monaten unserer Gespräche frage ich Herrn Schönbeck, ob er mir seine Orden von damals zeigen möchte. Er führt mich zu einem Schrank in seinem Schlafzimmer, greift nach einer kleinen, ledernen Schatulle, die innen mit Samt ausgeschlagen ist, und öffnet sie.

»Wirklich wichtig und bedeutend von denen sind für mich nur diese beiden«, sagt er, deutet auf sein Bundesverdienstkreuz und seinen Bayerischen Verdienstorden und streicht über das kühle Metall.

Das Eiserne Kreuz Erster Klasse lässt er unberührt in dem Kästchen. Auch das Verwundetenabzeichen in Silber, das Soldaten mit drei oder vier Verwundungen bekamen, bleibt liegen. Und der Orden »Winterschlacht im Osten 1941/42«.

Ich kenne diese Auszeichnungen. Von meinem eigenen Großvater. Eine seiner Töchter, meine liebe Tante, die mir nahe ist, hat sie mir geschenkt. Weil sie weiß, wie gern ich mit meinem Opa einmal über den Krieg gesprochen hätte und wie sehr ich ihn und meine Oma geliebt habe. Aber er schwieg eisern, wie so viele Heimkehrer. Nur wenn ihn seine alten Kriegskameraden besuchten – das waren der Pastor von Amrum und ein Kunstmaler aus Dithmarschen –, erzählte er. Nicht ohne vorher die Wohnzimmertür abzuschließen.

Um hinter ihr in eine andere, uns verborgene Welt zurückzukehren.

Mein Opa war Förster, ein Mann wie aus einem Kinderbilderbuch. Er nahm mich mit in seine Wälder, die verwunschen waren wie aus einem Märchen. Und die ich bis heute vermisse. So wie ihn.

Er trug die dunkelgrüne Förster-Uniform. Sie roch nach Baumharz, nach Laub und Erde und nach ihm. Die Förster-Uniformen waren die einzigen, die nach dem Krieg kaum verändert wurden und von ihrem Schnitt her aussahen wie eine Wehrmachtsuniform. Vielleicht erinnern mich auch deswegen Fotos von Soldaten aus dem Zweiten Weltkrieg immer ein bisschen an meinen Förster-Großvater.

Er starb, als ich zwölf war, und ich kann das letzte Halali an seinem offenen Grab, das seine Kollegen ihm auf ihren Jagdhörnern bliesen, bis heute hören.

Es gibt ein Ölbild von ihm, das sein Freund, der Maler, von ihm angefertigt hatte. Es zeigt ihn als Heimkehrer – ausgezehrt, hohlwangig, mit einem strengen Blick, der in eine unsichtbare Weite schweift, vielleicht auch in eine Einsamkeit.

Dieses Gemälde von ihm hing im Wohnzimmer der Försterei. Für mich als Kind war es das Gegenbild jenes mir so zugewandten und zärtlichen Großvaters. Ich hatte Ehrfurcht vor diesem Bild. Er sah darauf aus wie ein zäher Indianer.

Heute hängt das Bild bei der anderen Schwester

meiner lange schon verstorbenen Mutter. Und das ist gut so. Denn auch diese Tante ist mir nahe. Und sie teilt mein Gefühl für diese Zeit und für die Vergangenheit. Ich bin froh darum. Sie schenkte mir einen Aschenbecher, den mein Opa im Krieg aus einem Geschoss gehämmert hatte.

Wenn ich sie besuche, flößt mir das Bild von meinem Großvater bei aller Bewunderung auch immer etwas Beklemmendes ein. Fast so wie damals in meiner Kinderzeit. Es war zeitlebens eine Warnung. Eine Mahnung vor dem Krieg. Wenn ich es sah, hatte ich nachträglich Angst um meinen Opa.

Denn der ausgemergelte Mann auf diesem Bild hatte gerade den Krieg überlebt und schaute nun in seiner Försterjacke, die ihm zu weit war, so ernst ins Unbekannte. Ganz so wie meine Mutter das tat, wenn sie nachdenklich war. Oder mit ihren Gedanken weit weg, weil ihre Gegenwart sie viel zu oft traurig machte.

Die Schrankuhr in der Försterei stand neben diesem Bild und tickte in die Stille des Wohnzimmers hinein. Sie tickte laut, aber sie gab uns Kindern kaum eine Ahnung davon, was Zeit wirklich ist. Was ist Gegenwart? Was Zukunft? Und was Vergangenheit? Und wie wichtig wird Zeit eines Tages werden für uns Kinder?

Zwanzig Jahre ist meine Mutter nun schon bei meinem Großvater im Himmel. Aber ich kann die beiden bis heute mit mir sprechen hören. Vor allem, wenn ich im Wald meiner Kindheit bin und der Wind die Bäume erzählen lässt. Wenn er ihr Laub

Hans-Erdmann Schönbeck auf seinem Panzer

und ihre Äste berührt. Dann höre ich den Blättern und dem Holz zu. Und damit auch ihr und ihm.

Wenn sich mein Großvater unbeobachtet fühlte oder wenn bei einem Familienfest alle zusammensaßen und fröhlich durcheinanderredeten, beobachtete ich ihn manchmal. In diesen Momenten ähnelte er wieder dem Mann auf dem Bild. Sein Blick ging wieder in diese seltsame, nicht auszumachende Weite, und seine Gesichtszüge verkanteten sich in einer Härte, die ihn plötzlich erfasst hatte.

Mitten im Stimmengewirr und unserem Kinderlachen.

Er wirkte wie erstarrt. Mein Opa war mit seinen Gedanken auf einmal nicht mehr in seinem Wohnzimmer, sondern ganz woanders, das ahnte ich irgendwie. Vielleicht in Russland. Vielleicht, so denke ich heute, eingeholt von einer Zeit und einem Schmerz, über die er nicht gesprochen hat. Die aber sein Leben danach viel zu sehr bestimmten.

Das war der Moment, in dem ich mich um meinen Großvater sorgte, so weiß ich es heute. Ich sorge mich nämlich immer noch um ihn, wenn ich an ihn im Krieg denke. Dass ein von mir geliebter Mensch so etwas erleben musste, und dass er anderen Menschen Leid zufügte, zufügen musste, lässt mich bis heute nicht los.

Ich schaue mir deswegen alles an und lese alles zu diesem Krieg, auch weil ich ihn darin suche und mich um ihn sorge. Um einen dieser Millionen Männer, die ihr Leben jeden Tag in ihm riskierten und gaben.

Und weil mich als Deutscher das Gedenken an den Holocaust niemals ruhen lässt. Jeden Tag denke ich an die Shoa. Es tut mir so leid.

In meinem Journalistenleben lernte ich einige Überlebende dieser Zeit kennen, begleitete sie, manche bis heute und fühle mich ihnen nahe. Einer von ihnen, Jurek Rotenberg aus Haifa, gerettet von Berthold Beitz vor der Gaskammer, wurde einer der wichtigsten Menschen meines Lebens.

Und der kleine Junge in mir, der denkt bis heute an seinen Opa und fragt sich, wie er den Krieg ausgehalten haben mag. Der Erwachsene würde gern mit ihm reden, immer wieder reden. Über all seine Zwiespälte und Schuldgefühle, wenn es sie gab, und über seine Schmerzen. Ich würde gern von ihm wissen, was er zur Judenvernichtung dachte und ob er russische Soldaten getötet hat? Ob er es zu müssen glaubte? Was das alles in ihm hinterließ?

Ich hätte ihm so gern ein wenig aus der Vergangenheit und seinem Schweigen herausgeholfen. Hinein vielleicht sogar in eine Heiterkeit. So wie ich sie bei Hans-Erdmann Schönbeck erlebe.

Auch mein Opa trug das Verwundetenabzeichen, ganz so wie Schönbeck. Vielen anderen aber wurde es nicht verliehen – denen, die »nur« seelisch verwundet waren. Mein starker Opa, mein Held in der Förster-Uniform, der mich mitnahm in den dunklen Wald und an dessen Seite ich mich immer furchtlos fühlte, trug nicht nur körperliche Wunden davon. Millionen anderen ging es ebenso.

Auch in seinem Innersten war der Krieg geblieben. Viel tiefer und verborgener vielleicht als bei Herrn Schönbeck. Der von sich selber sagt, dass seine Seele heil geblieben sei im Krieg. Manchmal möchte ich ihm das glauben, manchmal habe ich da meine Zweifel.

Ich ahnte als Kind kaum, dass es eine verborgene Seite meines Großvaters gab. Für mich war er der eine, der liebevolle, der mich auf seine breiten Schultern hob, wenn er mit mir in seinen »Tiergarten« stapfte. Unter dessen Schritten das Unterholz knackte. Der zwei Schulterklappen trug, an denen ich mich festhielt.

Dass es den anderen, den vom Krieg gezeichneten und entrückten auf dem Bild gab, erkenne ich heute, wenn ich das Ölgemälde von ihm wieder ansehe. Diesen anderen konnte ich als Kind nur erahnen, und er blieb mir unbekannt, weil er das so wollte. Oder weil er nicht anders konnte. Auch dass ausgerechnet er, der stets so sanfte und bedächtige Mann, nach dem Krieg immer wieder einmal aus dem Stand heraus die Fassung verlor, als sei etwas in ihn gefahren, dass er dann um sich schlug, all das hörte ich erst vor ein paar Jahren. Da war er schon lange tot, aber das Schweigen darüber hatte sich viel zu lange gehalten.

Manchmal fahre ich heute noch 850 Kilometer weit mit dem ICE und dann weiter mit dem Regional-Express und schließlich mit dem Bus in seinen Wald zurück. Und gehe tief in sein Dunkel und seine Stille hinein. Ich suche und finde dort die Bäume, die mein Opa nach dem Krieg gepflanzt hat. Von den gefällten, von denen manche am Wegrand gestapelt liegen, zähle ich manchmal die Jahresringe und kann mir dann ausmalen, wie alt mein Opa war, als er sie gepflanzt hat.

Ich kann dort oben in Schleswig-Holstein tief und fest schlafen. Und ich fühle mich meiner Mutter nahe, die dort geboren wurde. Manchmal träume ich dann von meinem Opa und auch von ihr. In diesen Träumen reden beide und reden und erzählen mir all das, was in ihnen steckengeblieben ist – der Großvater vom Krieg und die Mutter vom Großwerden nach ihm. Mein Opa versucht endlich, Worte zu finden für das, was manchmal an Gewalt aus ihm brach. Meine Großmutter hört zu, sie ist bewegt und traurig, aber dann liegt wieder ihr Lächeln in ihrem Gesicht, mit dem sie alles, was wir taten, verstand und begleitete. Und auch sie erzählt jetzt all das, was auch sie verschwieg, frei heraus, weil sie immer so wunderbar erzählen konnte, voller Liebe.

Der Vater meiner Mutter war wie Schönbeck in Russland. Über die »Deutsche Dienststelle« in Berlin, die früher »Wehrmachtsauskunftsstelle« hieß und mittlerweile als Stelle für »Personenbezogene Auskünfte zum Ersten und Zweiten Weltkrieg« benannt ist, ließ ich mir eine genaue Aufstellung zuschicken, wo und wann mein Großvater wohin befohlen wurde. Und in welchen Einheiten er gekämpft hatte. Auf dass ich es mir wenigstens etwas vorstellen kann, wenn es auch nur ein Bruchstück ist. Und tatsächlich müssen sich die Wege meines Großvaters und jene von Herrn Schönbeck in Russland mehrmals gekreuzt haben.

Das Schweigen meines Großvaters ist mit ihm immer noch nicht ganz gestorben. Es gibt es heute noch in meiner Familie, es hat sich vererbt. Manchmal erlebe ich, dass Verwandte, die ich lieb habe und verehre, plötzlich nicht mehr weiterreden, wenn es um diese Zeit oder überhaupt um etwas Hochsensibles aus der Vergangenheit geht. Sie lenken dann entweder ab vom Thema oder verhärten. Manchmal reicht es schon, dass ein Gespräch dieses Thema nur berührt, und ich sehe und höre, wie das Gespräch versandet oder jäh endet. Sich ein Widerwillen aufbaut. Oder, was das Schlimmste ist, die alte Härte und Verschlossenheit zurückkehren. Anderen, aber auch sich selbst gegenüber.

Das ist jedes Mal schmerzlich. Denn ich gerate auch in Streit und über Kreuz mit jenen Verwandten. Vielleicht verlange ich zu viel von ihnen und belaste sie mit meiner Nachfragerei, meinem Graben im Gestern. Meinem mich so sehr Hineinversetzen in diese Zeit. Aber ich kann nicht anders.

Ich bin älter geworden, aber ich habe mich an nichts gewöhnt. Ich wurde auch nicht zynisch. Denn sonst hätte ich an Empfindsamkeit verloren und wäre damit berufsunfähig geworden. Ich bin das Zuviel dieses Themas. Aber vielleicht bin ich das Zuviel, weil mich das Zuwenig beunruhigt. Und manchmal verzweifeln lässt.

Und weil ich mich nicht seiner Ohnmacht geschlagen geben möchte? Denn es ist immer und immer wieder noch dieser Krieg, der bis heute sprachlos macht. Der viel zu mächtig bleibt, wenn er ein mächtiges Schweigen hinterlässt.

Und dieses verdammte Nichtsagen streckt sich aus. Es wächst und rankt. Bis es scheinbar undurchdringlich ist. Das Schweigen wuchert von dort dann noch in ganz andere Gefilde unserer Gedanken hinein.

Ist es nicht so, dass viel zu viele aus der Generation der Kriegskinder, und mit ihr leider auch viel zu viele von deren Kindern, die ja in meinem Alter sind, bis heute kaum oder gar nicht über ihre Gefühle sprechen? Dass sie diese sogar eher unterdrücken, statt sie preiszugeben? Dass sich junge Menschen aus unserer Zeit verschließen, statt sich zu öffnen? Auch das erfahre ich hautnah in meiner Familie, und es lässt mich traurig und manchmal verzweifelt zurück. Was hält diese eigentlich an sich so Freien bloß zurück?

Es sind acht Jahrzehnte vergangen, dass ein ganzes Land nicht nur seinen Anstand, seine Moral und seinen Krieg verlor. Sondern seine Seele. Und so liegt der Schatten dieser Zeit bis heute auf manchen Gemütern. Auch wenn dieses Land seine Seele längst wieder wunderbar und in vielen ihrer Farben zurückgewonnen hat. Daran könnten wir uns doch von Herzen freuen!

Wir wissen spätestens seit Sigmund Freud, der Menschen auf eine Couch legte und sie bat, über das zu sprechen, was sie sonst verschweigen, dass es nur eine Chance gibt, einer leidenden Seele zu helfen: Das sind das Erinnern und das Sprechen über das, was auf ihr liegt und in ihr verborgen ist.

Deswegen ist es in Deutschland lebenswichtig, zu erinnern und zu sprechen. Erinnerung ist ein Lebensmittel.

Wie widersinnig ist es aber dann, dass heute Menschen in den Bundestag gewählt werden, die das Vergessen und das Schweigen zu ihrer Politik erheben?

Die Rede ist von den Politikern, die den berühmten Schlussstrich unter die deutsche Geschichte ziehen wollen. Die das Schweigen propagieren, weil sie das Grauen des Gestern entweder ad acta legen oder verkleinern oder verallgemeinern wollen. Die von »Kehrtwenden in unserer Erinnerungskultur« reden und das Holocaust-Mahnmal in Berlin ein »Denkmal der Schande« nennen. Es verschlägt mir jedes Mal den Atem und würgt mich. Aber ich wehre mich gegen diese Attacken, wie Gott sei Dank so viele andere Menschen in diesem Land.

Es ist genau dieses neue, aber auch das alte Schweigen über diesen Krieg, das mich immer wieder über ihn schreiben und sprechen lässt.

Und es ist mein Großvater, der mein Sprechen- und Schreibenwollen über diese Zeit ganz persönlich entfacht hat. Es ist auch meine zu jung gestorbene Mutter, die es bis heute begleitet, obwohl sie schon so lange fort ist.

Opas Försterhut liegt auf dem Schreibtisch, an dem ich dieses Buch schreibe. Daneben ein Brieföffner aus Messing, den er im Schützengraben aus einem Geschoss gefertigt hatte. Und seine Taschenuhr. Geschützt ist sie von einer silbernen Fassung, in der er sie an einer Kette hielt. Nimmt man die Uhr aus dieser Stahlhülle, fällt einem ein Foto meiner Tante als Mädchen entgegen. So konnte er ihr nahe sein, als er so weit weg war von ihr.

Die silberne Hülle der Uhr trägt eine Beule. Oft fahre ich mit meinem Zeigefinger über sie. Sie hat einen Granatsplitter abgefangen, der meinem Großvater galt. So erzählte es nicht etwa er, sondern seine Kriegskameraden, die die Szene miterlebt hatten.

Was für ein Symbol: Mit einer Uhr aus seinem Krieg lese ich die Zeit ab. Und streiche dabei über ihre Fassung aus Stahl, die ihn vielleicht gerettet hat.

Nur an einem Ort setzt für mich die Zeit beständig aus. Im Dorf meines Großvaters. Die letzten Kapitel dieses Buches schrieb ich – wie immer und bei jedem meiner Bücher – in einem Haus bei Freunden am Rand des Waldes meiner Kindheit. Bei einem Abendspaziergang ging ich, wie so oft schon, zum Kriegerdenkmal des Ortes. Dessen Boden stets sauber geharkt ist und dessen Beete immer mit frischen Blumen bepflanzt sind.

Obwohl das Dorf in Schleswig-Holstein bis heute keine 300 Einwohner misst, stehen auf diesem Denkmal 46 Namen gefallener Bewohner. Das wusste ich.

Was ich aber erst bei meinem letzten Besuch dort im Hochsommer 2021 bemerkte, ist ein Vers, der über die einzelnen Gedenksteine verteilt in die Steinplatten eingehauen ist. Vielleicht fiel er mir deswegen all die Jahre nicht auf. Da steht in der Tat ein Satz, der wie eine Losung wirkt. Wie ein Gelübde, das mich nach all den Jahren in meiner Recherche und Sicht auf die Dinge bestätigen könnte. Aber er erschüttert mich nur:

»Nicht klagen. Nicht klagen. Wir schweigen und tragen.«

Beschreibt dieser Vers die vielbeschworene Tapferkeit von Männern? Die etwas ertragen ohne zu jammern? Oder aber mahnt er bloß zu diesem schmerzvollen und erdrückenden Schweigen?

Ich bin glücklich, dass ich vier Jahrzehnte nach

dem Tod meines Großvaters und nach acht Jahrzehnten des Schweigens und Tragens nun endlich mit einem Mann sprechen kann, der Ähnliches wie mein Opa erlebt hat. Ich suche und ich finde etwas Wichtiges von meinem Großvater in Hans-Erdmann Schönbeck wieder.

Er heißt auch noch so wie er: Hans. Und er wird so genannt wie er: Hansi.

Hansi steht zwar höchstpersönlich für Leid, Schrecken und Tod. Aber er ist mehr als das: Nie hat er die Haltung und seine Seele verloren. Und seine Lebensfreude auch nicht. Für mich ist er ein Beweis, dass man sich mit seinem Gestern nur versöhnen kann, wenn man es annimmt.

Immer wieder annimmt.

Ja, er sitzt im Rollstuhl und ja, er ist von der Zeit gebeugt worden. Aber er hat auch eine erstaunliche Leichtigkeit des Seins an sich. Und noch etwas: eine große innere Freiheit. Seine Freiheit.

Für mich schließt sich eine große Lücke. Sie fügt sich wieder zusammen.

Vielleicht ergeht es Ihnen ähnlich. Vielleicht erfahren auch Sie durch dieses Buch etwas, was Ihnen Ihr Großvater oder Vater oder auch Ihre Mutter nicht sagen konnte. Vielleicht tröstet das. Und hilft zu heilen.

Ich sage Ihnen Dankeschön dafür, lieber Hansi.

Ich bin ein Suchender

Ich freue mich, dass Tim Pröse mir von seinem Großvater erzählt hat. Und wie sehr er sich mit ihm und seiner Kriegszeit beschäftigt hat. Auch deswegen kann ich ihm erzählen von dem, was so oft unsagbar geblieben ist. Und ich finde es auch gut, dass Tim Pröse seinen Wehrdienst abgeleistet hat als junger Mann, so versteht er manches von meiner Soldatenzeit besser, von der ich erzähle. Er war Rettungssanitäter bei den Heeresfliegern.

Bevor ich nach Stalingrad kam, hatte ich schon ein paar Panzerschlachten und Panzergefechte mitgemacht. Das alles hat mich natürlich sehr geprägt. In Stalingrad wurde ich 20 Jahre alt. Trotz meiner Jugend war ich damals innerlich schon so reif, dass ich andere behüten konnte. Mehr als es mir in meinem Alter zustand, kümmerte ich mich um die Menschen, meine Leute. Viele von ihnen konnte ich auch trösten – was ja unter Soldaten, ich war ja auch deren Vorgesetzter, nicht so häufig vorkommt.

Geprägt wurde ich, Hans-Erdmann Schönbeck, jedoch nicht durch den Krieg, auch wenn der dazugehört, sondern vor allem durch mein Elternhaus. Sie brachten mir preußische Tugenden bei. Und so sehr sie mich Anstand und Ordnung lehren wollten, so sehr achteten sie auch auf die Menschlichkeit. Meine Eltern waren anständige Menschen und gaben das weiter.

Für mich gab es deswegen auch keine »Untermenschen«. Auch wenn die Nazis uns jungen Menschen das ja weismachen wollten. Weder hielt ich die Russen für solche, noch die Juden, denen ich begegnete oder die ich kannte. Ich hatte stattdessen das riesige Glück, dass meine Eltern von Anfang an skeptisch gegenüber dem Nationalsozialismus waren. Während meiner Schulzeit hat mein Vater mir öfter erklärt: »Mit diesem ungebildeten und groben Mann an der Spitze wird das nichts werden.«

Mein Vater lehrte mich, alle Menschen mit Respekt und Höflichkeit zu behandeln. Und so hielt ich es auch mit den Juden, denen ich als Kind und Heranwachsender in meiner Heimat auf der Straße begegnete. Selbst als ich schon eine Uniform trug und die Juden einen gelben Stern am Arm, grüßte ich sie freundlich mit einem Lächeln und legte auch meine Hand an die Mütze vor ihnen. Das sah eines Tages mein Vater und fuhr mich an: »Junge, was machst du da?« Und ich antwortete: »Ich zeige den Leuten, dass ich sie nach wie vor ehre und sie nicht verurteile.« Mein Vater entgegnete: »Lass das lieber, Junge, du bringst diese armen Menschen damit in Verlegenheit.«

Das war ein Schock für mich, der ich damals ja noch jung und sicher auch noch etwas naiv war und den Terror gegen die Juden nicht in seinem ganzen Abgrund erkennen konnte. Und das obwohl man uns in der Schule schon beigebracht hatte, dass Juden wie Aussätzige zu behandeln seien. Aber mir tat es damals weh, dass ich die Menschen, mit denen ich aufgewachsen war und von denen ich einige sehr mochte, nicht mehr grüßen durfte. Das hat mich innerlich zutiefst durchgeschüttelt. Und wenn ich mir heute manchmal vorstelle, was wohl aus meinen alten Nachbarn wurde, dass sie wahrscheinlich alle ermordet wurden, dann tut es mir bis heute weh, und ich empfinde Scham und Trauer.

Ich war aber leider kein Held des Widerstands, sondern habe das getan, was die meisten taten. Natürlich habe ich mich nicht nach dem Kriegseinsatz gesehnt. Aber ich hatte das Gefühl, es bliebe mir nichts anderes übrig, als zur Wehrmacht zu gehen.

Und dann war da diese unglaubliche Geborgenheit meiner Kindheit, die mich selbst im Abgrund des Krieges noch bestärkte. Ich wuchs auf einem wunderbaren landwirtschaftlichen Rittergut in Schlesien auf. Ich wurde evangelisch erzogen, und mein Glaube hat mich mein Leben lang getragen, vor allem im Krieg. Schon nach der ersten Panzerschlacht habe ich geglaubt: Du kommst nach Hause. Das schaffst du.

Dieser Glaube wurde in Stalingrad so sehr erschüttert, dass ich ihn beinahe verlor.

Seit dieser Zeit bin ich ein Hoffender, ein Suchender, was meinen Glauben an Gott angeht. Ich hatte gehofft, ganz stark zu werden in meinem Glauben. Und heute, als alter Mann, suche ich mehr denn je.

Wenn ich heute an meine Zeit unmittelbar nach dem Krieg denke, dann sehe ich mich auf einer Wiese in Oberbayern sitzen. Auf dieses Gut konnten wir fliehen, auf einen großen Bauernhof, und dort setzte ich meine durch den Krieg unterbrochene Lehre zum Landwirt fort. Es ist Sonntagnachmittag, und um mich herum grasen Kühe. Ich bin vom Hofbesitzer eingeteilt als Kuhhirte, weil ich natürlich gesagt hatte, dass ich von Landwirtschaft was verstehe, schließlich war ich ja mit ihr aufgewachsen. Ich ging bei ihm in die Lehre. Ich sehe bis heute die Wiesenblumen vor mir. Ich stapfe, wenn ich den kleinen Abhang entlanggehe, in Kuhfladen.

Ich dachte mir damals: Es ist ein wunderbarer Tag, und die anderen radeln in die benachbarten Dörfer und haben ein bisschen Freude, zum ersten Mal nach dem Krieg. Und du? Was machst du denn nun? Du fühlst dich degradiert. Irgendwo muss doch ein Strohhalm für dich sein? Es kann doch nicht so weitergehen mit dir, dass du nur Kühe hütest?

Diese Sonntagsgedanken auf der hohen Wiese sind für mich ganz ausschlaggebend. Denn damals ist ein unglaublicher Wille in mir entstanden.

Und wie fast jeder junge Mann träumte ich natürlich auch von Autos. Dass ich einmal Präsident des Deutschen und Europäischen Automobilverbands werden sollte, nun ja, ein bisschen von diesem Traum ist in meinen Kindheitserinnerungen an Autos angelegt.

Wir lebten daheim ja nur mit Pferden. Doch eines Tages schaffte sich mein Vater ein Auto an. Und was für eins: Wir hatten einen bildschönen, offenen Buick. Für einen Deutschen war das nach dem Ersten Weltkrieg ja ein Ding der Unmöglichkeit, sich ein amerikanisches Auto zu kaufen. Aber mein Vater schwärmte dafür, und es gelang ihm, einen zu kaufen.

Es war ein Siebensitzer. Vorne zwei, dahinter zwei Klappsitze und dann drei Plätze im Fond. Das Ding hatte ein riesiges Verdeck. An den Seiten steckte man Zelluloid-Scheiben ein. Acht Zylinder mit einer irren Kraft. Ich bin nur Mitfahrer gewesen. Aus dieser Zeit kommt auf jeden Fall meine Autobegeisterung.

Ich bin in der nächsten Kreisstadt zur Schule gegangen. Bis Grottkau waren es 16 Kilometer. Die meiste Zeit bin ich mit dem Fahrrad ins übernächste Dorf und von dort weiter mit der Bahn gefahren. Das waren vier Stationen bis zu dieser Kleinstadt. Dasselbe am Nachmittag dann wieder zurück. Das war hart. Es gab Winter- und Frühjahrszeiten, dazu Schlecht-Wetter-Zeiten, wo mein Vater unserem Chauffeur sagte: Sie fahren den Jungen heute in die Schule. Bei der Gelegenheit lernte ich dann Auto fahren. Denn unser Chauffeur war zu mir ganz fantastisch und nahm mich auf seinen Schoß. Zum ersten Mal im Leben durfte ich ein Steuer in die Hand nehmen. Ans Gaspedal kam ich damals noch nicht heran.

Als ich mit zwölf dann einen ordentlichen Schub gemacht hatte, konnte ich Auto fahren auf unseren Feldwegen. Es waren damals schwierige Straßenverhältnisse. Die Straßen waren meist gepflastert, mal auch geteert mit ganz vielen Löchern. Sehr gepflegt war der Sandweg nebendran. Wegen der vielen Fuhrwerke, die zu den Feldern fuhren.

Natürlich träumte ich als Bub auch vom Autorennen. Und wenn am Sonntag auf dem Nürburgring Rennen waren, durfte ich vom Mittagstisch aufstehen und die Übertragung im Radio hören. Die Fahrer! Caracciola, Stuck, von Brauchitsch und wie sie alle hießen.

Der Rennfahrer Hans Stuck war mit einer Tochter vom Nachbargut liiert. Diese Frau war damals deutsche Tennismeisterin und ein Idol, wie es später Steffi Graf war. Sie hieß Paula von Reznicek. Weil ich sie kannte und sie ein gutes Wort für mich einlegte, durfte ich mit ihm zu den näheren Rennen fahren. Was ich alles erlebt habe! Ich war so unglaublich stolz. Und man fragte mich in der Schule: Wo warst du wieder? Ich wurde montags quasi auf dem goldenen Tablett herumgetragen.

Lachen gegen das Leid

Hans-Erdmann Schönbecks Jugend war kurz. Er gehörte jener Generation von jungen Männern an, der man ihre Jugend stahl.

Er hatte kaum vom Leben gekostet und ein wenig von dem berührt, was man das Glück nennt, da gehörte er schon Hitler. Und jener 6. Armee, die Stalingrad auf seinen Befehl hin am 23. August 1942 angriff. Jene Stadt, die den Namen seines größten Gegenspielers trug. Allein schon deswegen sollte derart erbittert und gnadenlos um sie gekämpft werden. Da waren sich Hitler und Stalin einig.

Wer diese Schlacht gewinnt, wird auch den Krieg für sich entscheiden, davon waren beide von Beginn an überzeugt. Sie sollten recht behalten.

Schönbeck ging in ein bis dahin unvorstellbares Gemetzel. Im November holte die schon angeschlagene Rote Armee zu einer großen Gegenoffensive aus und kesselte etwa 300000 Soldaten der Wehrmacht und ihrer Verbündeten ein.

All diese Vergangenheit rückt näher und näher in Schönbecks Gegenwart in diesem Frühling, Sommer und Herbst 2021, in denen er sich erinnert. Immer wieder scheint die Zeit stillzustehen. So oft hat uns dieses Gefühl während unserer Gespräche eingeholt.

Und als ob das nicht reichen würde, wird aus diesem Bild von der Zeit, die innehält, am Ende unserer Gespräche sogar eine Wirklichkeit. Auch wenn es reiner Zufall ist. Denn da bleibt auf einmal Hans-Erdmann Schönbecks geliebte Armbanduhr, auf die er sich Jahrzehnte verlassen konnte, einfach stehen.

Aber nicht nur seine Uhr setzt aus, es ist auch Schönbeck selber, der in den Wochen unserer Treffen mitten in seinem sehr geregelten und behüteten Alltag aus der Zeit gerät. »Seit ich mit Ihnen spreche, bin ich manchmal mitten am Tag in einem ganz anderen Teil meines Lebens«, sagt er. Er ist dann beinahe gar nicht mehr anwesend in seinem schönen Appartement. Dafür aber wundersam bei sich selbst.

Mir beweisen seine inneren Auszeiten einmal mehr, was dieser Schönbeck für einer ist. Denn diese Abwesenheit aus dem Jetzt, diese Zeitreisen aus seinem Hier und Heute verunsichern oder ängstigen ihn nicht. Vielmehr genießt er sie.

Sein Blick zurück gleicht heute eher einem Flug zurück. Beschrieb ich es zu Anfang noch als ein Versinken in ein Meer, so ist daraus mit der Zeit ein Schweben geworden.

»Manchmal sitz ich dann vor meinem Fenster und bin mit meinen Gedanken völlig von hier verschwunden«, sagt er und wirkt ganz heiter. Denn er weiß ja schon, wie und womit er wieder zurückkehren wird aus seinen Tagträumen der Erinnerung. Mit einem Lächeln. »Manchmal ist es sogar mehr, dann sitze ich hier ganz alleine und muss laut lachen!«

Ja, Schönbeck lächelt und lacht sich wieder zurück ins Diesseits. Auch wenn das niemand hört und keiner erwidert. Doch es überkommt ihn. Weil Lachen einer der schönsten Beweise ist, dass man am Leben ist.

Und weil er zu leben versteht. Schönbeck hat das, was die Franzosen das »Savoir vivre« nennen, und er strahlt es aus mit seinem Wesen, seinen Gesten und seiner Art zu sprechen.

Und sicher bestimmt auch, weil Lachen immer ein gutes Gegengift gegen Leid ist. Denn Schönbeck befördert so einiges davon wieder zutage. Sein eigenes und noch mehr das eines ganzen Landes, einer ganzen Zeit. So viele unsichtbare Gebirge und Schluchten aus Leid, dass manch anderer, der sie sich wieder vor Augen führen würde, davon belastet, benommen oder betrübt wäre.

Bei Schönbeck aber, so scheint es mir, werden einige Gewichte aus seinem Gestern leichter, wenn er von ihnen erzählt. Bei jedem Besuch wirkt er etwas unbeschwerter und auch munterer auf mich. Mich macht das jedes Mal glücklich, wenn ich ihm dabei zuhören und zusehen kann.

Weil das Gegenteil mir ein schlechtes Gewissen hinterlassen hätte. Es hätte mir sehr leidgetan, wenn Schönbeck mit jeder Stunde, die er gedanklich tiefer und weiter zurückgeht, trauriger geworden wäre. Das wird er natürlich auch mitunter, aber er scherzt trotzdem weiter, zwinkert manchmal mit einem Auge. Und sogar sein Atemholen beim Erzählen wirkt freier und leichter als zu Beginn unserer Begegnungen.

Er ist ein Beispiel dafür, dass das »Erinnern das Geheimnis der Erlösung ist« und das »Vergessenwollen das Exil verlängert«. So steht es im Talmud. Und ein Talmud steht bei Schönbeck im selben Buchregal wie die Bücher über den Krieg. Und auch über jenen Mann, der ihn anzettelte.

Die Essenz des Talmud-Verses haben mir vor einigen Jahren jene meiner Interviewpartner nahegebracht, die ich vor Schönbeck treffen durfte und die den Nationalsozialismus entweder im Widerstand oder als Verfolgte überlebt hatten. Nach jeder dieser Begegnungen war mir leichter und glücklicher zumute, ich war ermutigt.

Ich habe aber auch mit so manchem wesentlich Jüngeren über das Gestern, den Krieg und den Holocaust geredet und leider oft mit ansehen müssen, wie viele meiner Gesprächspartner ihr Erinnerungs-Exil verlängerten, statt die Chance zu nutzen, ihre Seele leichter zu machen. Auch sie wollten sich bestimmt von der Last der Geschichte erlösen.

Doch sie wählten das Schweigen. Manche das Verdrängen. Und – ganz bitter – einige sogar das Verleugnen. Und erreichten so das Gegenteil. Sie verlängerten damit nur ihr »Exil«, diese innere Leere, das Verlorensein, Zumachen, Verhärten oder Wegdriften. Sie entfernten sich dabei nicht nur von ihrer eigenen Geschichte. Sondern von sich selbst.

Solche Menschen behaupten gern, dass das Erinnern an die Geschichte schwächer, angreifbarer oder trauriger mache. Sie können oder wollen nicht sehen, wie sehr es das Gegenteil ermöglicht. Wie viel leichter und befreiter es sein lässt. Und wie es sogar erbauen kann. Ganz so, wie es mit fast allen anderen Dingen ist, denen man sich stellt.

Ich schaue von meiner Jugend an gern Bundestagsdebatten, und natürlich sehe ich seit einer Weile auch an den rechten Rand des Plenums und betrachte die Abgeordneten dort. Auch, weil ich endlich verstehen will, mit welchen Menschen wir es dort zu tun haben.

Manchmal, wenn ich die Debatten in der Mediathek verfolge, halte ich mit einem Druck auf die Pause-Taste das Bild an, wenn die Kamera in diesen Teil des Parlaments schweift. Ich frage mich: Finde ich dort einen glücklichen, offenen Zug in den Gesichtern, die ich sehe? Erkenne ich in einem dieser Gesichter, dass er innerlich frei und bei sich ist und anderen zugewandt?

Wenn ich in Schönbecks Gesicht schaue oder wenn ich es mir beim Schreiben vor Augen rufe, sehe ich das, was ich eben noch vermisst habe. Einen mitfühlenden Mann. Der durchlässig blieb, auch als er zu Macht und Geld kam. Ich sehe einen Mann vor mir, der die Menschen liebt. Und sein Land. Aber er tut das nicht mehr wie einst als junger Mann, sondern mit Weisheit. »Man kann dieses Land nur mit gebrochenem Herzen lieben«, sagte Bundespräsident Frank-Walter Steinmeier zum 75. Jahrestag der Befreiung vom NS-Terror.

Wenn Schönbeck ein Politiker geworden wäre, hätte er mich in meinen Augen ein bisschen an Klaus von Dohnanyi und auch an Richard von Weizsäcker erinnert. An jenen Mann, der über den 8. Mai 1945 als Tag der Befreiung sprach. Weizsäcker und Schönbeck einte eine herzliche Verbindung und Sympathie füreinander. Fast jede ihrer Begegnungen endete mit einem Augenzwinkern. Beide hatten den gleichen Humor und wohl einen ähnlichen Weg als junger Mensch. Beide waren Offiziere im Russlandfeldzug, beide fassten Sympathie für die Männer des 20. Juli.

Diese Erinnerungen sind nicht nur in meinen Augen, sondern in meinen Ohren, denn Schönbecks Sprache und seine Art zu sprechen klingen für mich ein wenig so, wie ich es bei diesen beiden Politikern verehrte.

Noch einmal leben

Bevor es nach Stalingrad ging, rollten wir bis kurz vor Moskau. Ich wurde zum Unteroffizier ernannt. Nun saß ich im Panzer III. Ich war also in einem großen Panzer als Richtschütze. Unglaublich heutzutage, aber damals hat man zur Luke herausgeschaut, um abzuschätzen, wie viele Meter es bis zum Ziel sind. Sind es 1800 oder 1400 Meter? In welcher Entfernung kamen die Russen nun auf uns zu?

In dieser Disziplin, die Entfernung zu schätzen, war ich gut. Bei der eigenen Konkurrenz zu uns Panzertruppen, der Artillerie, ging mal ein Schuss zu weit, ein Schuss zu kurz, einer kam ins Ziel. Wenn man aber im Panzer sitzt, dann sollte der Schuss sitzen. Dann sollte der feindliche Panzer auch getroffen sein. Viele aus dem Regiment richteten sich nach mir. Was hat der Schönbeck für eine Entfernung geschätzt? Und nach meiner Schätzung wurde dann geschossen.

Die feindlichen Panzer waren damals so weit entfernt von uns, dass wir nicht erkennen konnten, was mit den russischen Soldaten geschah, wenn wir ihre T34 so gut getroffen hatten, dass sie stoppten. Wenn sie anfingen zu brennen, gab es meist dennoch eine Chance, sich aus dem Panzer zu retten. Mir selbst gelang das im ganzen Krieg acht Mal.

Dabei war es für einen Kommandanten im Panzer ziemlich schwer, auszusteigen, wenn man abgeschossen wurde, der Panzer aber noch nicht explodiert war. Man hatte das Kehlkopfmikrofon um. Dieses war mit einem Stecker fest im Panzer verankert. Um den Hals baumelte unsere Staubbrille. Denn wenn man hintereinander fuhr, wirbelten die Ketten jede Menge Staub auf. Natürlich hatten wir auch ein Fernglas. So hatten wir also drei verschiedene Dinge umhängen. Manch ein Panzerkommandant ist aus dem Panzer raus-, aber nicht vom Panzer losgekommen. Diese Männer mussten dann außerhalb des Panzers hängend sterben. Auch solche Fälle gab es. Leider.

In Panzergefechten erzielte ich gute Treffer. Aber die T34 konnten wir mit ihrer guten Panzerung nicht knacken. Wenn man aber einem Panzer die Ketten zerschießt oder wenn man den Turm durch einen Schuss ein wenig verdrehen kann, kann der sich unter Umständen nicht mehr bewegen. Und dann hat man, mit einem sehr viel leichteren Geschütz, den Panzer kampfunfähig gemacht.

Vor allem aber habe ich Glück gehabt, dass mein Panzer nur harmlos getroffen wurde. Meist bekam er nur Streifschüsse. Es ging bei diesen Gefechten in erster Linie darum, Boden zu gewinnen. Das gelang uns in den Kämpfen, in denen ich noch nicht dabei war. Das war in den Beneluxstaaten, auf dem Balkan. Von Polen möchte ich da gar nicht sprechen. Das war zu unerwartet und zu schnell für die polnische Armee. Bis dahin war die Wehrmacht auf jeden Fall unglaublich erfolgreich. Der Grund dafür waren Schnelligkeit und gute Führung.

»Hansi« Schönbeck als junger Mann

Im Angriff auf Moskau war das zuerst ähnlich. Wir hatten uns festgebissen. Es war die Stärke der deutschen Panzertruppe, dass wir, je nach Gelände, sehr schnell zurückgezogen wurden. Mit unseren großen Panzern waren wir beweglich und haben oft seitlich wieder angegriffen. Diese Schnelligkeit und die Tatsache, dass wir im Gegensatz zu den Russen Sprechfunk hatten, machte uns lange Zeit zur überlegenen Panzertruppe, obwohl wir nicht die überlegenen Panzer hatten.

Doch mitten in diesem Krieg geschah etwas ganz Überraschendes. Im September schon wurden ein paar andere junge Offiziere und ich aus der Truppe rausgezogen. Wir kamen auf die Panzertruppenschule nach Wünsdorf. Zu meiner großen Überraschung bekam ich da schon das Eiserne Kreuz Zweiter Klasse.

Auf der Panzerschule wollte man uns natürlich hart anfassen, wollte aus uns Jungs Kämpfer machen, die »flink wie Windhunde, zäh wie Leder und hart wie Kruppstahl« waren. Flink und zäh, ja, das wurde ich vielleicht, aber hart nicht. Ich blieb innerlich immer der eine – ein Kind meiner Eltern, die mich erzogen hatten. Das Verblüffendste in dieser Zeit war, dass diese viereinhalb Monate die schönsten – und wenn man so will auch die einzigen – meiner Jugend wurden.

Wünsdorf lag bei Berlin und hatte einen S-Bahn-Anschluss. Wir bekamen jeden Samstag frei. Da fuhren wir natürlich in die Stadt. Jeder von uns hatte irgendwo eine Unterkunft. Ich hatte das große Glück, dass meine jüngste Schwester mit ihrer Familie in Berlin wohnte. Meine Schwestern waren fünf, sechs und sieben Jahre älter als ich.

Die Mädchen der guten Berliner Internate hatten dasselbe Glück wie wir. In erster Linie kann ich mich an das erinnern, auf dem zuvor schon meine Schwestern waren. Nämlich das Königin-Luise-Stift. Wenn man konnte, schickte man damals seine Töchter, die dann zu »höheren Töchtern« werden sollten, ins Internat nach Dahlem. Und diese netten Mädchen kamen am späten Samstagnachmittag nach Berlin zum Tanzen.

Wir trafen uns in den großen Tanzsälen, etwa in »Clärchens Ballhaus« und dann immer bei »Paulchen Hanuschky«. Paulchen war in einem Hinterhaus der Uhlandstraße, daran erinnere ich mich noch. Es war eine winzig kleine Spelunke, immer proppenvoll. Denn es wussten zu viele von uns, dass man dort hinging. Die Mädchen wussten das auch. Es war unheimlich schön. Man traf Mädchen aus Hamburg, man traf Mädchen aus Hannover, ich traf in erster Linie welche aus meiner Heimat Schlesien. Wie schön war das! »Ach«, sagte man: »Du bist ja auch da!«

Wie oft hatte Paulchen Hanuschky wegen Überfüllung geschlossen. Er schaute dann immer mal nach, wer draußen vor der Tür wartete. Er hatte so ein weiches Herz, dass er dann immer mal wieder aufsperrte, obwohl wir schon auf den Kühlschränken saßen. Wir nutzten alles, was an Sitzgelegenheiten da war. Die Fenster fast aller Berliner Häuser waren verdunkelt, was das Leben in Berlin noch schwerer machte. Bei »Paulchen« aber fanden wir es deswegen noch gemütlicher.

Es lief die Musik der Zeit. Der Zwanzigerjahre. Die Musik der Bigbands von der Platte. Und Lilian Harvey sang manchmal verbotenerweise: »Das gibt's nur einmal ... Das kommt nicht wieder ... das ist zu schön, um wahr zu sein ...« Und wir alle, ausgehungert vom Krieg, waren auf der großen Suche nach einem Flirt. Nach einem bisschen Leben in einer oft so tödlichen Zeit.

Wir wussten, dass wir wieder an die Front mussten. Der Termin stand ja schon fest. Und die Mädels wussten ebenfalls, dass wir wieder raus mussten. In Berlin herrschte zu dieser Zeit in den Internaten für die Mädels noch eine strenge Zucht. Alle trugen Internatsuniform und kamen aus gutem Hause. Und wir waren das erste Mal frei.

Die Mädchen sorgten sich natürlich, dass sie sich in einen verliebten, der bald wieder fortgehen wird. Und das war oft tragisch. Aber andererseits: Wenn Sie sich richtig verlieben, ist es Ihnen doch scheißegal, was am nächsten Tag passiert!

Wir waren alle 18 oder 19 Jahre alt. Und passten auf, dass nichts passiert. Wir hielten Händchen. Das Größte war, dass man vielleicht mal ein bisschen geknutscht hat.

Ich hatte Schuschi entdeckt. Die war etwas jünger. Sehr groß, sehr schlank, sehr wirbelig. Blond, nicht hellblond, sondern dunkelblond. Artig. Bis dahin artig. Ich kann mich an ihren richtigen Vornamen nicht mehr erinnern. Aber an ihren Nachnamen, der klang schön: von Schweinichen. Sie kam von einem schlesischen Gut.

Die wenigen Abende, an denen wir glücklich waren zusammen, gleichen in meiner Erinnerung einem einzigen flüchtigen Augenblick. Ganz kurz stand die Zeit still für uns beide. Dann kam die Zeit, in der wir uns schrieben.

Wie sehr ersehnten wir unsere Feldpost! Wie sehr warteten wir auf den Kradmelder, der uns schon von Weitem zuwinkte. Ich habe Schuschis himmelblaue Briefe immer sofort aufgerissen! Mein Herz sprang vor Freude aus dem Panzer heraus.

Die Feldpost war für uns alle lebensnotwendig. Sämtliche Verbindungen waren abgeschnitten. Wir wussten nichts über unsere Angehörigen. Lebten sie noch? Oder waren sie im Bombenhagel untergegangen? Ihnen ging es genauso, sie wussten nichts von uns. Deswegen war die Feldpost so entscheidend.

Es gab damals eine Geschichte, die man sich überall erzählte. Die handelte von einem Soldaten namens Max Herold. Jeder bekam Feldpost, bis auf ihn. Alle waren deswegen traurig und wollten fast schon ihre Feldpost verstecken, um ihn zu schonen. Doch dann, eines Tages, bekam er doch einen Brief. Doch was stand drin, in dem Brief? »Lieber Max, alles Scheiße, Deine Elli.«

Dieser Feldpostbrief war natürlich erfunden. Aber die Geschichte erzählte man sich von Norwegen bis Afrika, an der gesamten Front. Ein Witz, der bitterernst war. Es ging immer um die Frage: Was ist in der Heimat? »Alles Scheiße, Deine Elli.« Dieser Satz sagt gar nichts, und doch so viel. Die Feldpost gab uns allen Kraft.

Und dann hatte man uns ja beigebracht, dass wir die besseren Menschen seien: die Herrenmenschen, die die Untermenschen in Russland unterwerfen müssen. Ein Wahnsinn. Die Nazis sorgten dafür, dass diese Propaganda Tag für Tag weiter verbreitet wurde, bis an die äußerste Front. Die Führung achtete darauf, dass Waffen-SS-Offiziere und andere glühende Hitlersoldaten zwischen uns eingesetzt waren. Es gab den schönen Ausdruck: FOMAG! Frontoffizier mit Arschgesicht. Das waren die, die so reingemogelt wurden. Die immer wieder die nationalsozialistische Ideologie nach vorne trugen.

Vor denen musste man sich hüten. Wir haben nicht alle erkannt, aber die meisten. Die wollten ja hören, welche Einstellung man hat. Mit denen zu reden war lebensgefährlich.

Aus der Panzertruppenschule wurde ich als Leutnant entlassen. Ich wurde wieder zu meinem alten Regiment zurückversetzt. Inzwischen war klar, dass wir Moskau nicht einnehmen konnten. Die deutsche Front vor Moskau wurde nicht von der russischen Armee zurückgeschlagen, sondern sehr bewusst zurückgenommen, nachdem man erkannt hatte, dass dieser Vorstoß ein riesiger Fehlschlag für den gesamten Krieg gewesen war. Doch dieser Rückzug blieb leider der einzige im Russlandfeldzug.

Damals war das natürlich eine riesige Enttäuschung, dass wir, die angeblich Unaufhaltsamen, so nah an Moskau waren und es nicht einnehmen konnten. Das gab es bis dahin für eine Panzerdivision ja nicht, und es machte uns selbstverständlich nachdenklich. Vor allem die Situation, dass wir als Panzerregiment und Panzerdivision durch dieses schreckliche Wetter, das wir bisher noch nie erlebt hatten, unbeweglich waren. Im Herbst weichten die schweren Stürme und Regenfälle den Boden auf, und wir steckten knietief im Matsch fest mit unserer ganzen Armada. Und dann kam der Winter über Nacht und fror alles zu, was da im Matsch feststeckte.

Und dennoch. Wir sahen uns immer noch als die beste Armee der Welt. Die totale Diktatur und die ebenso totale Propaganda hatten dafür gesorgt. Durch die eiserne Grundausbildung, die immer bis zur Aufgabe des eigenen Willens ging, wurden wir erstaunlicherweise hart. Uns wurde der Kadavergehorsam eingebläut.

Im Raum Minsk, einer Stadt, die heutzutage häufig in den Nachrichten erwähnt wird, kam es im Zweiten Weltkrieg zu einem meiner schlimmsten Kriegserlebnisse.

Es war keine Front zu erkennen. Es war ein großes Durcheinander. Wir hatten unseren Stützpunkt in einem dieser vielen russischen Dörfer, die aus armseligen Hütten bestanden. In unsere befestigte Stellung, die weit draußen im Schnee lag, passte eine Handvoll Soldaten. Es lag auch ein Toter darin, den man nicht beerdigen, geschweige denn zurückholen konnte. Er war nur mit einer Decke zugedeckt.

In diesen Tagen geschah es, dass einer von uns durch Granatwerfer-Feuer schwer getroffen wurde. Wir mussten ihn verbluten lassen. Zwar war ein Sanitäter unter uns, aber er konnte dem Kameraden nicht mehr helfen, er war zu schwer am Hals verletzt. So mussten wir ihn zu dem anderen Kameraden legen.

Man wird in solchen Situationen ganz still. Es war schlimm für uns, dass keiner wirklich helfen konnte. Sehr viel später erst habe ich ein »Vater unser« für ihn gesprochen. In diesem Augenblick war ich dazu nicht in der Lage.

Mich hat der Tod des Kameraden ergriffen. Aber als Offizier, der andere führen muss, darf man sich der Trauer nicht hingeben. Den Männern zum Trost meinen Arm um den Hals zu legen, das habe ich zu diesem Zeitpunkt noch nicht gekonnt. Es musste jeder allein damit fertigwerden. Das lernt man im Krieg: auf sich gestellt sein, auch wenn man von Kameraden umgeben ist.

Vielleicht bin ich bis heute deswegen sogar gern allein. Ich brauche keine Beschmusung und Belustigung von außen.

Ebenfalls am Anfang des Krieges in Russland wurden wir in eine Schlacht geschickt, die mit der Einkesselung von sehr vielen russischen Panzern, auch Panzerregimentern begann. Wir waren im südwestlichen Zirkel um sie herum verantwortlich. Wir bekamen mehr Feuer, als wir es uns je vorgestellt hatten. Die wollten natürlich raus aus ihrem Kessel. Alles, was sie hatten, hatten sie eingesetzt.

An mehreren Stellen haben sie versucht, aus dem Kessel auszubrechen. Dieser Kampf tobte drei Tage hin und her. Wir waren beweglich und stark genug, um die Kette zu halten, bis nach drei Tagen der Kessel von Uman sein Ende fand.

Ich saß verdreckt und verschwitzt mitten im Sommer auf meinem Panzer. Und bekam eine Ahnung davon, wie viele Menschen dort eingekesselt waren: 120000. Ein endloses Band geschlagener Russen schlurfte und schleppte sich an mir vorbei.

Die hatten ja auch gekämpft, wie sie nur konnten, um zu überleben und eben nicht in Gefangenschaft zu kommen. Und wir hatten gekämpft, wie wir nur konnten, um sie in Gefangenschaft zu bringen. Aber als ich diese Massen von russischen Soldaten vor mir sah, hat mich das sehr belastet. Diese armen Kerle.

Wir wussten, dass diese Zigtausenden bestimmt bald nicht mehr versorgt werden können. Ich dachte bloß: Ihr armen, armen Kerle. Wo geht ihr nun hin? Und auch ich kam mir arm vor. Obwohl ich doch gerade mit gesiegt hatte. Aber in diesem Moment, als so viele Tausend Soldaten an mir vorbeizogen, ging mir auf, was wir mit diesem Krieg angerichtet hatten.

Ich sah auf einmal nicht mehr feindliche Soldaten vor mir, sondern Menschen! So viele geschlagene Gestalten gingen da in ihr Unglück, alle waren völlig still. Niemand sprach. Ein unheimliches Schweigen. Das hat mich ergriffen. Ich erkannte die Widerwärtigkeit des Krieges. Ich wusste, die gehen nun in etwas hinein, was nicht gut ist. Und du sitzt da auf deinem Panzer und schaust zu, weil du gesiegt hast. Ist das toll, Hans-Erdmann, was du da gemacht hast?

Wir bekamen Belobigungen – ich das Eiserne Kreuz Erster Klasse.

Einige Zeit später kam ein Anruf. Ich sollte auf einmal zu einer anderen Einheit, einer Panzerdivision, die neu aufgestellt wurde, nach Frankreich abkommandiert werden. Von der russischen Front ging es direkt in die Normandie. Es wurde Frühling. Aus dem tiefsten Schnee geriet ich in ein Meer aus Blüten.

Mein Kommandeur hatte mich ausgewählt, dort die letzten deutschen Reitereinheiten für Panzereinsätze auszubilden. Das war eine ausgesprochene Anerkennung.

Auf meinem Weg in die Normandie hatte ich zwei Tage Aufenthalt in Paris. Und wieder durfte ich noch einmal leben!

Dann ein unerwarteter neuer Auftrag, der dem Herrn Hitler plötzlich eingefallen war. Es ging nach Stalingrad. Die Stadt an der Wolga. Die sollten wir von jeglichem Verkehr abschneiden. Die russische Lebensader …

Zuvor waren wir noch in der Kalmückensteppe unterwegs, südlich von Stalingrad und warteten auf eine viel zu lang benötigte Auffrischung der gesamten Truppe. Wir waren ja sehr geschwächt. Denn nach Stalingrad kommt man nur, wenn man den Donbass erobert hat. Diese Kämpfe waren hart und zäh. Ich kenne dort jede kleinere und größere Stadt. Ich entkam meinem brennenden Panzer immer gerade noch rechtzeitig, bevor er explodierte.– Ich hatte damals schon so viele Schutzengel. Im gesamten Krieg ganz sicher ein ganzes Geschwader.

Angekommen in der Kalmückensteppe hatte ich den Auftrag, mit drei Panzern das Gelände zu erkunden. Da habe ich eine seltsame Bewegung am Horizont gesehen. Viel Bewegung … und noch mehr Bewegung.

Ich dachte: Um Gottes willen, was ist da denn los? Und dann erst erkannte ich, was da am Horizont auf uns zukam: eine Horde von Kamelen.

Durch mein Funksprechgerät gab ich durch: »Ich stoße hier gerade auf eine Herde Kamele!« Der Major antwortete: »Schönbeck, sind Sie verrückt geworden?« Ein paar Mal flachsten wir hin und her. Dann glaubte er mir. Ein paar von uns stiegen auf die Tiere und ritten sie. Ich natürlich auch.

Dann erreichten wir ein Dorf. Wunderschöne kleine Häuser. Die waren zwei oder zweieinhalb Meter hoch. Bewohnt von wenigen Kalmücken, entweder Alte oder Kinder. Tolle Menschen. Zerfurchte, sonnengegerbte Gesichter in der Steppe von Stalingrad.

Wir nisteten uns dort ein. Wie immer gruben wir ein Loch unter unsere Panzer, in das wir uns zum Schlafen legten. Die Menschen dort duldeten uns erzwungenermaßen, obwohl wir auf unserer schwarzen Uniform rechts und links einen Totenkopf trugen. Weswegen man uns oft mit der SS verwechselte.

Fast drei Wochen blieben wir in der Steppe. Kriegerisch gesehen war es eine verlorene Zeit. Die Russen in und um Stalingrad konnten sich wappnen, gegen das, was da an Furchtbarem von uns auf sie zukam. Doch in anderer Hinsicht bescherte mir das Warten ein besonderes Kriegserlebnis: Eines Morgens hatte sich die nicht enden wollende Einöde der Kalmückensteppe über Nacht verwandelt. Die staubig-braune Weite war nun von einem Blütenmeer aus Millionen von Herbstzeitlosen geflutet.

Für lange Zeit sollte mir dieses fast schon unwirkliche Panorama vor Augen stehen, dieses Land aus violetten Blumen, die bis zum Horizont reichten. Es war das letzte schöne Bild vor Stalingrad.

Nach den allerersten Tagen, an denen wir uns an der Stadtgrenze vortasteten, erreichten uns bereits Nachrichten, die uns nachdenklich werden ließen. Und wir merkten: Ganz so einfach wird das nicht. Das bewahrheitete sich mit jedem Tag mehr.

Als wir an die Wolga herankamen, offenbarte sich für uns eine neue Welt. So hatten wir uns das nicht vorgestellt. Uns hatte man gesagt, der Kampf um Stalingrad sei wichtig, da wir den Transportverkehr auf der strategisch wichtigen Wolga stoppen müssten. Als wir am Rand der Stadt auf den kleinen Höhen standen und in die Gegend schauten, wurde uns bewusst, was wir schaffen sollten. Wir betrachteten diesen gewaltigen Fluss, der sich bei Stalingrad in verschiedene Arme, ja fast in große Seen öffnet. Dort sahen wir auch lauter Schiffe fahren. Übermütig sagten wir: »Ach prima! Jetzt gibt es Schiffchen schießen!« Dieser Übermut verging uns schnell.

Aus der Zeit gefallen

Schönbeck hat in seinem Gestern viel an Tod und Elend gesehen. In seinem Heute achten die Betreiber seiner Seniorenresidenz darauf, den Tod, der sich hier täglich ereignet, höchst diskret zu verbergen.

Die Fahrstühle in diesem Haus sind exakt so ausgelegt, dass ein Sarg in sie hineinpasst. Dafür klappen die Bestatter die kleine hölzerne Sitzbank im Lift nach oben. Und fahren dann mit dem Sarg gleich in den Keller. Vorher blockieren sie den Lift, damit niemand etwas von diesem Transport bemerkt.

Den meisten fällt der Tod eines Mitbewohners erst beim nächsten Mittagessen auf. Denn dann fehlt auf einmal jemand an einem Tisch im Restaurant. Dort, wo das Augustinum am schönsten ist. Wo das gedämpfte Licht der Leuchter einen schönen Schein auf die Bewohner wirft. Weißes Licht würde unnötig mit Krankenhäusern oder herkömmlichen Altenheimen verbunden.

Der schwere Teppichboden schluckt das Geräusch der Schritte. Denn wenn man schon nicht mehr gut zu Fuß ist, soll jeder Schritt wenigstens weich aufsetzen. Alle Wände sind in Cremefarben gehalten, und alles sieht genau so aus, wie man es sich vorstellen würde, wenn der Großvater seine Familie

Im Schützengraben

zum 80. Geburtstag zu einem feinen Essen einladen würde. Frische Blümchen auf den Tischen, die Tischdecke ist gestärkt wie ein Brett und blütenweiß. Das Besteck schwer, als würde es noch vererbt. Und die Servietten ragen im Dreiecks-Kniff adrett in die Höhe wie kleine Segelboote auf dem Starnberger See.

Eleganz hilft, wenn die Welt auch enge wird. Der Blick geht durch bodentiefe Fenster in den Garten. Doch die Aussicht ist hier unten nicht weit. Denn durch die Scheiben des Speisesaals schauen die Essensgäste seit einem Jahr auf eine Großbaustelle. Das Augustinum baut aus, denn das Business boomt. Sind heute noch etwa drei Millionen Deutsche pflegebedürftig, werden es 2050 fast fünf Millionen sein.

Fast alle Fenster der Appartements im Heim gehen

Richtung Berge. Denn direkt hinter den fünf Häusern des Komplexes tönt die Autobahn. Dass hier am Rand von München die weiß-blaue Schönheit der Stadt ausbleicht und sich im Grau des riesigen Heim-Komplexes verliert, sollen die Bewohner möglichst wenig spüren.

Und so hat die Unbeweglichkeit der meisten Bewohner einen sehr pragmatischen Vorteil: Wer dieses Haus kaum mehr verlässt, bemerkt auch nicht, dass das wunderbare München an dieser Stelle zu Ende geht.

Jeder Bewohner bringt eine Auswahl seiner alten Möbel mit ins Heim. Ein paar hölzerne Erinnerungen, die meisten verziert mit Schnörkeln der Vergangenheit, die sie nun in ihre 28 Quadratmeter Gegenwart hineinstellen. Denn so groß ist ein normales Einzelzimmer.

Die Putzfrauen des Luxusheims verwenden edle Bodenpflegemittel. Auf allen Gängen, in allen Wohnungen riecht es leicht harzig, leicht blumig, immer dezent. Selbst im Geruch setzt sich das Haus ab von anderen Heimen, in denen es oft nach Desinfektion und Elend riecht.

All die Jahre fuhr Schönbeck um halb eins ins Restaurant herunter mit einem elektrischen Wägelchen. Seit zwei Jahren aber sitzt er im Rollstuhl und bleibt in seiner Wohnung. Eine Hausangestellte serviert das Essen dort.

Für jemand, der in Stalingrad abmagerte, bleibt der Gedanke, etwas Gutes zu essen, lebenslang besonders.

Für jemand, der in Stalingrad schwerstverwundet, erblindet und längst aufgegeben war, bleibt die Gewissheit, hier gleich im Haus ärztliche Hilfe zu finden, wenn man sie braucht, ebenso besonders.

Es ist diese Wertschätzung dem scheinbar Selbstverständlichen gegenüber, die viele aus Schönbecks Kriegsgeneration demütig sein lässt.

Womit wir bei den angeblich altmodischen Tugenden wären. Zuverlässigkeit ist Schönbeck wichtig. Ihm, der im Krieg als Oberleutnant viele Soldaten geführt hatte. Durch den Tod vorgesetzter Offiziere war er zum Teil sogar für eine ganze Panzerkompanie verantwortlich. Er sagt dazu: »Das ist unvorstellbar heutzutage, ein so junger Mensch mit so vielen Waffen in der Hand.«

Kameradschaft. Dieses Wort ist ihm ebenfalls wichtig. Wobei er es vorsichtig benutzt, weil es so oft unbewusst und noch mehr bewusst falsch verstanden wird. Nennen wir es also Verbindlichkeit. Schönbeck ist in allem, was er mit anderen Menschen unternimmt oder teilt, mit seinem Gegenüber verbunden. Und wenn er etwas sagt, dann ist das niemals unverbindlich.

Was haben wir in unserer Welt der tausend Möglichkeiten und des Sowohl-als-auch und der Beliebigkeit für eine Sehnsucht danach.

Er ist in so vielem aus der Zeit gefallen. Und wenn es schon um Zeit geht, dann geht es ihm natürlich auch um Pünktlichkeit. Weil Schönbeck weder pedantisch noch tumbe ist, benutzt er dieses Wort immer nur im positiven Sinn. Pünktlichkeit ist bei ihm keine praktische oder organisatorische Frage, sondern vielmehr eine Charaktereigenschaft. Oft sagt er in unseren Gesprächen, wenn er über jemanden erzählt, den er mag oder mochte, dass dieser pünktlich sei.

Und so habe ich es mir angewöhnt, immer eine halbe Stunde vor der vereinbarten Zeit im Augustinum zu sein. Dort spaziere ich um den Block, bis es so weit ist. Um ihn nicht irgendwann zu enttäuschen.

Schönbeck weiß, dass Pünktlichkeit ein deutsches Klischee ist. Aber auch eine Respektsbezeugung vor dem anderen. Und seiner Lebenszeit. In seinem Alter weiß er, wovon er spricht.

Jetzt bist du dran!

Dann ging der Krieg gegen Stalingrad also nun wirklich los – nachdem unsere Luftwaffe die Stadt breit und schwer bombardiert hatte. Wir sollten mit unserem Truppenteil den südlichen Teil einnehmen. Ziel war der Südbahnhof, den wir dann auch bekamen. So schnitten wir den Südverkehr nach Stalingrad ab. Es waren schlimme Gefechte, wie immer. Denn natürlich wurde die Bahnlinie sehr, sehr hart verteidigt.

Das Gelände war groß, breit und flach. Die Führung wusste das ja durch ihre Karten. Wenn die Panzer in großer, breiter Front ankamen, dann staubte es nicht nur. Es gab einen furchtbaren Lärm, ein Dröhnen, ein Grollen. Da rennt man einfach weg. Das kann man nicht aushalten. Jeder nimmt da Reißaus. Ein schrecklicher psychologischer Moment. Ohne dass ein Schuss fällt.

In dieser Art waren wir mit sechs Panzern auf den Südteil von Stalingrad zugerollt. Dann dämmerte es, und wir zogen uns in die Abendstellung zurück. Am nächsten Tag fuhren wir erneut in dieser breiten Front an Stalingrads Rändern vorbei. Nicht schießend. Es war alles leer. Einmal zu unserer großen Freude, aber auch zu unserem großen Entsetzen. Was hatten sich die russischen Generäle ausgedacht? Wir waren skeptisch und hellwach.

Die Stadt breitete sich 1942 auf 28 Kilometern Länge an der Wolga aus. Wir waren immer noch am Stadtrand. Dann kam für mich das Kommando, weiter nach vorne aufzuklären. Wieder mit Panzern.

Einer meiner Panzerkommandanten entdeckte, dass deutsche Sturzkampfflieger, Stukas, sehr verdächtig unsere Richtung anflogen. Sie hatten diese verfluchten Sirenen, die über kleine Propeller vom Fahrtwind angetrieben wurden, sobald die Flugzeuge in den sehr schnellen und steilen Sturzflug übergingen. Jericho-Trompeten wurden die genannt. Ein Teufelszeug, das den Feind einmal mehr erschrecken sollte, ein Geräusch, bei dem man nur denkt: Lieber Gott, bitte lass mich überleben.

Und dann! Dann setzten die auf uns an! Weil sie annahmen, dass die deutsche Panzerspitze nicht so weit vorgestoßen sein konnte. Sie hielten uns für russische Panzer, denn wir waren in der Steppe eingehüllt von Staub und Sand.

Neun Stukas stürzten sich also auf uns, bis unsere Ketten zerrissen und die Türme heftig zerschossen waren. Wir standen da, und es wurde Nacht.

Eigentlich hatte die gesamte deutsche Armee ein gemeinsames Erkennungszeichen: eine hellorange Leuchtrakete, die auch bei Tageslicht sehr gut zu sehen ist. Die haben wir natürlich losgefeuert. Aber nein, die Stukas kippten ihre Bomben ein zweites Mal auf uns.

Da war es zu spät. Unsere Panzer waren hin. Und

dann die Nacht. Natürlich hatten die Russen das beobachtet. Und natürlich kamen sie nachts.

Wir haben geschossen. Wenn wir Bewegung im flachen Gelände wahrnahmen, haben wir gleich ein paar unserer Leuchtraketen abgefeuert. Es war schwer für die Russen, an uns ranzukommen, denn wir gaben uns dauernd Feuerschutz. Aber verdammt, da kamen immer mehr Truppen von ihnen. Wir haben mit dem Maschinengewehr geschossen. Trotzdem versuchten sie, uns zu erreichen, um uns hintenrum Molotowcocktails in die Panzer zu werfen oder Haftladungen an sie zu kleben und so die Panzer endgültig zu zerstören.

Schließlich kam von hinten Entsatz. Sie haben uns befreit und uns neue Panzer bereitgestellt. Für einen Offizier war es selbstverständlich, dass er sofort in einen anderen Panzer umstieg und nicht mit dem kaputten in die hintere, mobile Werkstatt fährt. Es gab nur einen Befehl: immer weiter nach vorne!

Ich habe mein Leben lang gesagt, dass man den Krieg eigentlich nicht erzählen kann, und so mag ich hier nicht die einzelnen Gefechte nachzeichnen, in die wir gerieten. Erwähnt sei nur, dass unsere Division Mitte Oktober den großen Komplex der Ziegelei eroberte und so auch das Wolga-Ufer gewann. Bis Anfang November konnten wir es auch halten. Eine Infanterie-Einheit löste uns ab. Und das, was von uns übrig war, teilte sich auf in einzelne Kampftruppen im täglichen erbitterten Gefecht.

Mitte November fiel der erste Schnee über Stalingrad. Erst zaghaft, dann immer stärker. Meine Gedanken waren bei meinem Vater, der in diesen Tagen Geburtstag hatte.

Mächtige Nebelschwaden zogen auf – und hielten sich wie eine Wand. Sie tauchten die zerschossene Stadt in einen Zauber, einen bitterbösen Zauber. Denn in diesem Grau erkannten wir Freund und Feind nicht mehr. Oder oft erst, wenn es zu spät war. Außerdem wurde es plötzlich klirrend kalt. Ich kannte die Kälte ja vom letzten Winter vor Moskau. Aber hier gab es keinerlei Schutz vor ihr, keinen Wall, keinen Strauch, keinen Baum.

Mit der Kälte kam die Katastrophe. Der Russe trat von Norden und Süden zu seinem geplanten großen Gegenschlag an. Die große Wende. Das war für uns alle eine schreckliche Überraschung. Die Russen haben es durch eine kluge Strategie und exzellente Taktik vollbracht, uns innerhalb von drei Tagen einzukesseln. Von da an hat jeder von uns anders gedacht.

Bereits am 19. November, dem ersten Tag dieser Offensive, schienen wir eingeschlossen zu sein. In den nächsten beiden Tagen schnappte die Falle dann auch wirklich zu. Wir Panzerleute waren noch einmal die Feuerwehr. Wurden um 180 Grad herumgeworfen und traten Richtung Westen zum Gegenangriff an. Aber gegen was für einen massierten Feind!

Für die Stärke oder auch die Schwäche der eigenen Situation hatte ich in diesen Russland-Jahren ein ganz feinnerviges Gefühl entwickelt. Als typisches »Frontschwein«, das ich neben allen anderen Dingen nun einmal auch war, wusste ich ja fast nie etwas von der großen Lage. Für mich galt es immer nur, den momentanen Befehl irgendwie auszuführen. Und die Befehle jagten sich jetzt.

Das alles geschah zu einer Zeit, in der wir längst abgekämpft und mürbe waren. Wir waren tagelang vergeblich gegen diese sich so unfassbar zäh verteidigende Stadt angerannt. Die Hälfte unserer Panzer war zerstört, und für den Rest hielten Treibstoff und Munition nur noch wenige Tage.

Für mich ist es heute nicht mehr zu erklären, welche Kräfte in diesen Momenten höchster Not noch einmal in uns frei wurden. Jeder von meinen Männern war innerlich alarmiert, hellwach und ja, auch wenn es heute verklärend klingen mag, todesmutig.

Auch die Disziplin und der Gehorsam waren zu diesem Zeitpunkt noch ungebrochen. Beides trieb mich an und ließ mich Berge versetzen. Auch das, was man »Zucht und Ordnung« nannte. Jeder von uns wusste, dass es eine Rettung nur geben könnte, wenn jeder für jeden einsteht.

Kameradschaft. Auch wenn Hitler dieses Wort so schändlich missbrauchte und ad absurdum führte, so blieb es für uns untereinander eine feste Größe. Was auch sonst hätte uns noch helfen können?

Von jetzt an gab es kaum mehr ein paar Stunden ohne Gefechte, ohne Kampf, ohne Angst, aber immer auch ohne Schlaf. Die Essensrationen verminderten sich täglich. Und wer ab nun Treibstoff und Munition verschwendete, kam vor ein Kriegsgericht und war des Todes. Der Schnee lag teils meterhoch verweht, und die Kälte pendelte sich zwischen minus 25 und minus 30 Grad ein. Und blieb und blieb.

Die russischen Streitkräfte machten den Kessel Tag um Tag dichter zu. Unvermittelt kam mir der Sommer 1941 in den Sinn. Bei Uman hatte ich auf meinem Panzer gesessen und die armen Kerle bedauert. Nun war es umgekehrt. »Jetzt bist du dran, jetzt bist du der arme Kerl!«, dachte ich.

Ein Tag im Heim

Heute trägt Schönbeck ein Armband am Handgelenk. Würde er den roten Notfall-Knopf darauf drücken, käme sofort jemand zu ihm geeilt und könnte sein Leben retten. Manchmal muss er daran denken. Und auch an jene Tage, an denen es eigentlich schon keine Rettung mehr für ihn geben konnte.

»Hansi« verlor in Stalingrad seine linke Schulter, überlebte das Feuer, den Hunger und die bittere Kälte des russischen Winters. Was ihm blieb, bis heute, das sind die Wut, die Enttäuschung und die Verzweiflung, die Hitler in ihm hinterlassen hat. Der »Gröfaz«, der »Größte Feldherr aller Zeiten«, der den eingekesselten Soldaten befahl, trotz aussichtsloser Lage weiterzukämpfen und sich zu opfern – »bis zur letzten Patrone«. Der nicht nur vielen Andersdenkenden und Andersgläubigen, Juden, »Feinden« und ganzen Völkern nach dem Leben trachtete. Sondern der auch jene Männer, die sich für ihn aufrieben und starben, die ihren Eid auf ihn geschworen hatten, im Stich ließ.

Die Aussichtslosigkeit seines frühen Lebens hat Schönbeck in acht Jahrzehnten überwunden. Während seines zweiten und sehr schönen und langen

Lebens. Er bewohnt nun schon seit 13 Jahren seine Wohnung im Heim. Sie erinnert ihn an seine Jahre als Topmanager in den oberen Etagen der Konzerne. Und sie ist auch eine wunderbare Illusion, die ihm hilft. Denn die Aussicht eines 99-Jährigen ist wahrscheinlich nicht mehr weit. Trotzdem: Wenigstens vor seinem Fenster liegt noch sehr viel vor ihm.

Seit zwei, drei Jahren ist täglich jemand da, der ihn zu Bett bringt, und jemand, der ihm morgens wieder hilft, aus seinem Bett hinauszukommen.

Schönbeck legt dafür seinen rechten Arm über die Schulter seines Pflegers. In diesem Moment sieht es so aus wie damals: Als der Stabsfeldwebel nach Schönbecks Arm griff und seinen schwer verletzten Kameraden auf seinen Rücken hievte. Und ihn dann in die Heinkel-Maschine legte, die ihn aus Stalingrad flog.

Ein klein wenig von dieser Szene, die ihn damals gerettet hatte, wiederholt sich also nun zweimal am Tag in Schönbecks Leben.

Und es ist wichtig, dass sich möglichst viel wiederholt in seinem späten Leben. Wie die meisten anderen Menschen in seinem Alter braucht er unbedingt eine Regelmäßigkeit. Ohne seinen Rhythmus geht es ihm nicht gut. Das liegt auch am Rollstuhl. Trotzdem möchte er immer noch so viele Dinge schaffen wie früher. Es gibt Momente, in denen er sich einfach aus dem Stuhl hochstemmt und tatsächlich losgeht. Aber nach zwei oder drei Schritten schon gerät er ins Wanken und greift schnell wieder nach seinem Stuhl.

Schönbeck heute in seinem Arbeitszimmer

Früh läutet sein Wecker. Schon um 5.45 Uhr, weil er lange braucht, um wirklich wach zu werden, um aus dem Dunkel der Nacht wieder in den Tag zu finden. Er wartet lange, bis sich die Starre gelöst hat und sein Körper wirklich auf ihn hört. Erst dann kommt jemand, der ihn wäscht und anzieht. Und ihm seine Medikamente bringt. Schönbeck muss eine sehr hohe Dosis Entwässerungstabletten nehmen.

Und deswegen hat er keine Tränen, wenn er weinen muss.

Er kann nur noch auf dem Rücken liegen. Wie ein Zinnsoldat, so sagt er selbst. Die Arme eng an die Schlafanzughose gelegt. Seine Gelenke lassen es nicht anders zu. Seine Füße müssen daher sehr weich gebettet werden. Er ist dabei, seine Fersen durchzuliegen.

Morgens um sieben kommt eine Pflegekraft. Es sind wechselnde Personen, und so kann er nur schwer fragen, wie es heute mit seinem Rücken steht, was sich verändert hat, was seine wunden Stellen machen. »Das geht schon«, heißt es lapidar. Wie sollte es diese Person auch anders wissen? Schönbeck versteht das gut. Er lebt in einem Heim mit 630 Bewohnern, gleich daneben liegt ein Krankenhaus mit 200 Betten. »Ein solches Haus möchte ich heute persönlich nicht leiten müssen«, sagt er.

»Der Beruf des Pflegers ist hart. Deswegen machen ihn so wenige Deutsche.« Aus aller Welt stammen die Menschen hier im Heim. Die wenigsten aber aus München. Schönbeck ist fast immer zufrieden und sehr nett zu allen.

Die Hilfe bleibt 20 bis 25 Minuten bei ihm. Zuerst macht sie ihm das Teewasser heiß. Während es kocht, macht sie das Bett. Dann gießt sie den Tee auf. Nach einer knappen halben Stunde sitzt er beim Frühstück. Das bereitet er selbst zu.

Ab und zu ist ein Vorgesetzter dabei, um das zu überprüfen. Weil Schönbeck durchgesessen und durchgelegen ist, ist es wichtig, dass es einen gibt, der alles im Blick behält. Alles wird schriftlich festgehalten. Von der Digitalisierung ist man weiter entfernt als Schönbeck selbst. Denn der telefoniert regelmäßig mit seinen Enkeln per Video-Chat auf seinem iPad.

Der Weg in den Speisesaal ist zu beschwerlich für

ihn geworden. Das Essen hat er für halb eins bestellt. Die allgemeine Essenszeit ist zwischen 11 und 13:30 Uhr. »Es ist wirklich ein schönes Restaurant mit entsprechend gutem Service. Das Essen wird einem dort direkt an den Tisch gebracht.«

Zwischen 12 und 15 Uhr ist im gesamten Areal Ruhezeit. Eines amüsiert Schönbeck aber schon. Das Restaurant hat Glasschiebetüren. »Sie können sich nicht vorstellen, wie lange die Schlange der Menschen ist, die ab 10:45 Uhr dort vor der Tür wartet. Sicherlich sind da auch etliche dabei, die das mit dem Frühstück kombinieren. Das mag sein. Aber das ist eher selten. Denn natürlich möchte man gerne der Erste sein.« Essen – der Eros des Alters.

Er saß hier über Jahre in einem festen Kreis an einem 8er-Tisch, an dem sich die Bewohner manchmal auch zu zehnt gedrängelt haben. Denn Schönbeck ist ein guter Gesellschafter und charmanter Unterhalter. Man passte einfach gut zueinander. Auch weil man früher ähnliche Berufe hatte. »Wir führten teils ernste, aber sehr schöne Gespräche. Oftmals auch sehr fröhliche. Drei Herren sind aber bereits verstorben.«

Natürlich wird am Essen oder auch am Haus selbst Kritik geübt, wie überall im Leben. Wenn diese Kritik zu hart, zu scharf ausfällt, ärgert das Schönbeck aber, und dann stellt er den Leuten immer die eine Frage: »Warum sind Sie, warum sind wir überhaupt hier eingezogen?«

Die meisten sind dann verschreckt, manche auch beleidigt. Oder, je nach Temperament, sagen sie: »Aus den gleichen Gründen wie Sie, Herr Schönbeck.« Und schon wird die Unterhaltung abgebrochen.

Er stellt sich diese Frage ja oft selber. Und weiß, dass es eine ganz klare Entscheidung war. Dabei hatte er lange Jahre eigentlich alles anders vorbereitet und glaubte, dass er in seinem Haus in Gräfelfing bis zu seinem Ende bleiben könne, unterstützt von manchen Hilfskräften. Dann musste er erkennen, dass es unmöglich war. Das Haus hatte viel zu viele Treppen. Fast zu jedem Zimmer führten Stufen, und jedes Zimmer hatte ein anderes Niveau. »Es war auch deswegen ein durch und durch gemütliches Haus.« Er hatte es damals spontan gekauft, weil es ihm, seiner Frau und seinen Kindern so gut gefallen hat. Die tobten sofort darin. Nachdem seine Frau dann fortgegangen und die Kinder aus dem Haus waren, blieb er lange noch alleine dort.

Am Nachmittag legt sich Schönbeck nicht hin, weil es für ihn zu aufwendig wäre und ihm keine Erholung verschaffen würde. Allerdings nickt er schon ein bisschen ein in seinem Rollstuhl. Meist wacht er dann auf, wenn die Zeitung raschelnd zu Boden fällt. Üblicherweise schlummert er nicht mehr als eine halbe Stunde, höchstens mal eine Dreiviertelstunde. Je nach Wetter ist er auch viel auf dem Balkon draußen.

Wenn es ihm richtig gut geht, setzt er sich sofort nach dem Essen an den Schreibtisch und erledigt dort das Notwendigste. Jetzt gerade ist es seine Steuererklärung. Er sagt: »Das hat oft den Erfolg, dass ich bis 15 Uhr alle meine Arbeiten fertig bekomme. Noch habe ich niemanden, der diese Arbeiten für mich verrichtet. Ich bin aber mehr und mehr an der Grenze. Ich möchte das gerne bald in andere Hände geben. Zumindest die Dinge, die unaufschiebbar sind.«

Es sei eben sehr schwer für ihn loszulassen. So wie es für jeden Menschen ist. Und erst recht für jene, die ihr Leben so lange selbst in die Hand nahmen und jeden Schritt selbst entschieden.

Um halb fünf oder um fünf trinkt er Tee. Die Ärzte meinen, dass er über den Tag verteilt nicht genügend Flüssigkeit zu sich nimmt.

Das Abendessen muss leider sehr früh beginnen. Denn die Schwestern und Pfleger sind spätestens um 22 Uhr aus dem Haus. Das Zubettgehen verläuft daher wie das Aufstehen. Schönbeck richtet sich sein Abendessen gegen halb acht. Eine Flasche Wein steht bei ihm auf dem Tisch, aber sie bleibt halb voll. Denn schon um halb zehn kommt die Schwester oder der Pfleger, um ihn ins Bett zu bringen. Davor muss er die Küche in Ordnung gebracht und sich, soweit er es selbst kann, für die Nacht vorbereitet haben.

Er mag diesen Rhythmus nicht, aber nach 13 Jahren ist er Usus und stützt ihn. Zu seinen gesunden Zeiten blieb er gerne länger auf. Aber nun geht es nicht anders.

Seine paar Sachen fürs Abendbrot gibt es hier im Haus in einem winzig kleinen Laden. Der hat die Dinge des täglichen Lebens parat. Eine Hausdame kauft alles für ihn ein. »Aber das i-Tüpfelchen setzen meine lieben Nachbarn hier oben im elften Stock«, sagt er. Ein sehr nettes Ehepaar, das ihm ständig ganz außergewöhnliche und sehr freundschaftliche Hilfe leistet. Die beiden rufen an, wenn sie am nächsten Tag einkaufen gehen, und fragen nach seinen Wünschen. Und dann ist da noch seine direkte Nachbarin, eine sehr angenehme, ruhige Dame, ebenfalls hilfsbereit, die ihn ab und zu »sehr lieb mit kleinen Aufmerksamkeiten erfreut«. Wie seine Tochter, die regelmäßig jede Woche zu ihm kommt und vorgekocht hat. »Ich bin also sehr gut versorgt.«

Ein zweiter Fernseher steht in seinem Schlafzimmer. Aber für Schönbeck ist es fast ein Tabu, im Bett fernzusehen. Das Gerät steht nah am großen Fenster und damit am Nachthimmel. Und dessen Programm ist für ihn meist spannender.

Wenn er dann doch das »heute journal« geschafft hat und danach noch etwas anderes anschauen möchte, schläft er darüber ein. Das ärgert ihn. Aber das meiste, das so läuft, ist ihm ohnehin zu anstrengend geworden. Auf jeden Fall schaut er mehrfach am Tag die Nachrichten. Sein Lieblingssender ist n-tv. »Denn dort erfahre ich schnell alles, was ich wissen will und was ich erfahren kann und muss«. Dieser Satz klingt nach seinem anderen, früheren Leben, als er Manager war und seine Zeit nur so raste.

Aus dieser Zeit stammt auch das Bild in seinem Wohnzimmer. Es hing schon vor 50 Jahren über einem seiner Schreibtische. Ein Reiterbild, das ihn an seine geliebten Pferde erinnert, mit denen er auf dem elterlichen Rittergut aufwuchs.

Links davon hat Schönbeck alte Fotos des Guts aufgehängt, ganz in der Nähe des kleinen Flurs und der Wohnungstür. Weil doch dieses Stück Heimat immer bei ihm bleibt, auch wenn er seine vier Wände verlässt. Dann nimmt er seine Heimat immer mit.

Auf dem Weg zur offenen Küche hängt eine Landschaft aus Öl mit alten Bäumen. Gekauft hat er das Bild in einer Münchner Galerie aus purem Heimweh. »Weil mich der Anblick auf dem Bild so an jenen erinnert, den ich als Kind hatte.«

Vom Wohnzimmer geht es ins offene Arbeitszimmer. Ein Fotodruck hängt dort und zeigt den Formel-1-Fahrer Nelson Piquet, als der die Weltmeisterschaft gewonnen hatte. Dass es dazu kam, dafür hatte Schönbeck selbst gesorgt, denn er war zu dieser Zeit verantwortlich für den Motorsport bei BMW. Für ihn erfüllte sich ein Jungentraum.

Über seinem Schreibtisch ist die Farbe gewichen aus den Fotos, die sein Ferienhaus in Italien zeigen, das er verkauft hat. Genauso wie sein Haus in Gräfelfing bei München.

Er hat sich wohlig eingerichtet in dieser letzten Bleibe, in diesem Luxus-Appartement. Weil Schönbeck nach Stalingrad meist in Schönheit gelebt hat. Und nun in Schönheit sterben möchte. Wer wollte das nicht? Viele können sich das nicht leisten. Aber noch viel mehr Leute in seinem Alter gestatten es sich nicht. Weil sie dazu erzogen wurden oder schlicht ihre Schwierigkeiten haben, wirklich zu leben. Wirklich zu genießen. Ganz zu sich zu kommen und den Augenblick auszuschöpfen.

Gemeint ist das Leben im Leben. Ist das nicht der Sinn des Ganzen?

Hansi verstand immer zu leben. Er war immer ein dem Leben Zugewandter.

Und auch wenn er, der Zugewandte, nun schon lange allein lebt, so blieb er aber das, was auch fast alle sein wollen: innerlich selbstbestimmt. Er lebte in Freiheit und wird in ihr sterben. Seiner geliebten Freiheit. Und wahrscheinlich in seinem weichen Bett. Mit frisch gestärkten, schneeweißen Laken. Statt in Unfreiheit und Elend in einem Erdloch von Stalingrad. Ist das ein Trost, wenn man bald sterben muss? Vielleicht ja.

Meine Rettung

Wir hatten nur noch eine letzte Pause vor dem großen Untergang. Unserer und der benachbarten Panzerdivision wurde kurzfristig befohlen, in breiter Front an die Westfront zu fahren. Dann aber wurden wir wieder zurückgezwungen von der Kälte und der Stärke der russischen Abwehr. Denn nicht nur die Armee war aufgerufen, das Land zu verteidigen, sondern das ganze russische Volk.

Von Tag zu Tag entbrannte der Häuserkampf immer stärker. Überall Gefechte Mann gegen Mann. Das alles habe ich erlebt, weil ich nahe dran war. Zum Glück aber war ich niemals in einem dieser Häuser.

In den folgenden Wochen wurden wir hin- und herkommandiert. Schon zu dieser Zeit hatten wir fast unsere letzten Reserven aufgebraucht, es wurde Herbst, und die Kälte zog auf.

Die Motoren unserer Panzer sprangen nicht mehr an. Schließlich buddelten wir die Gefährte im Schnee ein, vorne etwas hochgestellt, sodass unser Feuer zumindest die Wolga erreichen konnte. Über den Fluss führte die Rote Armee ihre Verstärkungen heran.

Es kam so, wie es mein Vater vorausgesagt hatte: Wir gingen unter. Psychologisch gesehen war der Kessel von Stalingrad für mich erträglicher als für die

Kameraden, die Kinder zu Hause hatten, die verlobt oder verheiratet waren. Das waren die wirklich armen Schweine.

Wir lebten zum Teil von den verendeten Pferden der rumänischen Armee, die mit uns verbündet war. Man musste das Fleisch mit der Axt raushauen. Das war, als ob sie an einen Tiefkühlschrank gehen. Aber man konnte das alles meistens nicht mehr auftauen. Es gab nichts zu feuern. Wir hatten ja kein Holz.

Einmal hatte ich ein streng organisiertes Kommando zu führen. Wir mussten Benzin sparen. Wir hatten Lkws in der Division, mit denen wir in die Stadt zu fahren hatten. Dafür gab es streng zugeteiltes Benzin. Der Befehl war, in der Stadt russische Häuser abzureißen. Es waren Holzhäuser. Wir taten es, um irgendetwas zu feuern zu haben. Das war grausam. Diese armen Menschen, die darin sowieso schon zusammengepfercht leben mussten. Die Bevölkerung stand dauernd unter Beschuss und hatte die Kämpfe zu ertragen. Und dann kamen wir und sagten: »Raus hier! Wir brauchen jetzt euer Haus!« Das war erbärmlich.

Für mich war das eine der schwierigsten Situationen, menschlich betrachtet. Aber ich musste diesen Auftrag durchführen. Ich war Soldat. Und hatte nichts zu essen. Es blieb mir ja gar nichts anderes übrig. Ich wusste aber, welches Leid ich diesen armen, alten Russen und den kleinen Kindern zufügte. Für die hatte ich immer noch irgendwoher etwas zu essen dabei. Und manchmal hatten die Großeltern auch für uns etwas aus ihren kargen Vorräten, und wir aßen es zusammen.

In dieser Zeit empfand ich, dass wir nicht mehr Deutsche und Russen waren. Wir waren keine Feinde mehr. Wir waren alle nur noch Menschen.

Und als ein solcher Mensch musste ich anderen Menschen ihr Zuhause nehmen. Das war grausam. Ich tat es aus dem Selbsterhaltungstrieb heraus.

Anfang Januar brachen die Russen mit Infanterie auf Sichtweite vor uns in den Kessel ein. Die Panzerdivision 24 war in lauter Teile zersplittert. Rittmeister von Götz und ich Armseliger bekamen je einen Trupp Soldaten, der nur noch aus Köchen, Friseuren und Schustern bestand, eben jedem, der noch kämpfen konnte. Jeweils 100 Mann führten Götz und ich zum Gegenangriff. Ein armseliger Rest unserer elften Schwadron. Unsere Artillerie unterstützte uns nur mit drei Schüssen. Wir hatten zu dieser Zeit keinen einzigen Panzer mehr.

Ich führte meine Truppe am linken Flügel. Auf unsere eigene Artillerie hoffend, sollten wir angreifen. Als unsere Kanonen aber wieder schwiegen, sprang ich hoch, meinen Männern voran, mit Pistole und Karabiner das erste Mal als Infanterist. In meiner pechschwarzen Uniform im Schnee!

Ohne Kraft waren wir, von einem Schneeloch ins nächste stapfend. Nichts war geblieben von unserem preußischen Hurra-Gefühl.

Mitte Januar war der Kessel von Westen her so weit eingedrückt von den Russen, dass er nur noch halb so groß war wie an Weihnachten. Die Schlinge zog sich also zu. Die wenigen Ju 52 und Heinkel 111, die überhaupt noch im Einsatz waren, standen derart unter Be-

Soldaten schieben eine Junkers durch den Schnee.

schuss, dass sie gezwungen waren, nur noch auf dem Rollfeld des Behelfsflugplatzes von Gumrak zu starten und zu landen. Der eigentliche Flugplatz Pitomnik war schon von den Russen eingenommen. Wie die Piloten unserer Luftwaffe mit fliegerischem Wagemut und Können immer wieder die russische Fliegerabwehr überwanden, ist ein besonderes Kapitel der Kriegsgeschichte.

Wir waren also spätestens ab jetzt Teil einer Geisterarmee. Zermürbt, halb erfroren und verhungert bewegten wir uns durch den tiefen Schnee. Nach Atem ringend in der eisigen Luft, von Sprung zu Sprung, den russischen Eliteeinheiten entgegen.

Nach etwa 400 Metern hatten sich die gegnerischen Kanonen auf uns eingeschossen. Ich folgte einer alten Soldatenregel, wonach es nämlich nie ein zweites Mal das gleiche Loch trifft, und warf mich beim nächsten Sprung in einen der eben vor mir aufgerissenen Granattrichter. In Stalingrad half aber auch diese Regel nichts. Die nächste Serie von Schüssen aus Haubitzen lag präzise bei den vorangegangenen.

Am Ende traf mich ein Schrapnell, also ein Artilleriegeschoss, das in seinem Ziel in tausend kleine Stücke explodiert. Und dieses Ziel war mein Rücken. Das Schrapnell zerfetzte ihn. Der Aufprall warf mich um. Als ich mich vom Rücken wieder auf den Bauch zurück wälzte, sah ich, dass hellrotes Blut in den Schnee sickerte. Ein Zeichen dafür, dass meine Lunge verletzt war.

Irgendwie schaffte ich es zurück in den Schutz einer Vertiefung, Balka genannt. Ich wollte ja eigentlich nur kurz verbunden werden und dann wieder raus zu meinen Männern, denn ich konnte sie doch nicht allein lassen. Ich weiß nur noch, dass ich Spritzen bekam, erinnere mich aber bewusst erst wieder an meine glückliche Begegnung mit dem Assistenzarzt meines Regiments in einem Erdloch eines großen Lazarettbunkers, in den ich zurückgeschafft wurde.

Der junge Assistenzarzt operierte dort bei Petroleumlicht ohne Betäubungsmittel und ohne Sterilisation. »Du musst leider noch warten«, sagte er zu mir. Ich saß zwei Stunden auf der Erde und habe zugesehen, wie der Arzt Arme und Beine absägte und die Männer vor Schmerzen in Ohnmacht fielen. Dann kam ich dran, und er holte so viele Uniform- und Knochenreste aus mir heraus wie möglich. Meine Wirbelsäule war getroffen, ein Schulterblatt fehlte mir.

Am nächsten Tag wurde ich in ein Loch nahe der Rollbahn von Gumrak gebracht, in dem auch zufällig der Stabsfeldwebel meines Trupps war. Ich bekam hohes Fieber. Die Russen beschossen unsere Stellung mit ihrer Artillerie. Die Erde rieselte an den Wänden herunter. Wir dachten, unser Loch fällt nun in sich zusammen. Ich hatte immer kleine Kerzen, sogenannte Hindenburg-Lichter in unserer Stellung aufgestellt, und die waren nun erloschen. Ich rief nach meinem Stabsfeldwebel, er solle doch wieder neue Kerzen anzünden! Da hielt er mir eines der Lichter vor mein Gesicht und sagte: »Aber, Herr Leutnant, wir haben doch die Lichter an!« Da wusste ich, dass ich erblindet war.

Am zweiten Tag meiner Verwundung kam mein wunderbarer Stabsfeldwebel zu mir. Er drückte mir eine Pistole mit einer Patrone in die Hand. Dazu meinte er: »Herr Leutnant, in einer halben Stunde, in drei Stunden, in fünf Stunden, wir wissen es nicht, kommt der Russe hier in unsere Stellung, wir können Sie leider nicht mitnehmen.« Das war Kameradschaft, ich war so dankbar für den letzten Schuss.

Eine soldatische Handlung wäre das gewesen, die sich so sicherlich unzählige Male im Zweiten Weltkrieg ereignet hatte. Aber sie war keine Selbstverständlichkeit. Denn sie erforderte Mut. Und zwar von beiden Seiten. Von demjenigen, der die Pistole überreichte. Und von demjenigen, der sie dann benutzte.

Die Temperatur sank noch tiefer. Meine Hände erstarrten.

Wenn ich mich an diese letzten Stunden im Kessel erinnere, an diese harten, schmerzhaften Stunden, dann denke ich an eine Kraftanstrengung, die einmalig in meinem Leben war. Ich wollte nicht in die Hand der Russen fallen.

Ich erinnere mich, dass ich glühte. Auf der einen Seite hoffte ich, dass das hohe Fieber, das mich derart durchrüttelte, am Ende so stark sein würde, dass ich es nicht überleben würde. Aber auf der anderen Seite war da auch der Gedanke: Die Hoffnung stirbt zuletzt.

Ich hatte ja die ganze Zeit meinen Glauben. Aber in diesem Augenblick verließ er mich. Ich habe nicht mehr gehofft, dass der liebe Gott mich rettet. Ich war einfach zu enttäuscht. Denn ich hatte ja wirklich die ganze Zeit geglaubt, dass ich aus diesem Krieg irgendwie wieder nach Hause komme.

Aber in diesen Stunden war da dieser Bruch. Ich lag in meinem Unterstand. Ein schwarzes Loch. Ein Abgrund.

Umso größer dann der Schock, der mich kurze Zeit später durchfuhr. Ich hörte das Motorengeräusch einer deutschen Maschine, die fast über unserem Loch zum Stehen kam. Das war in der Nacht vom 22. auf den 23. Januar 1943.

Die Maschine ließ bei ihrem Stopp die Motoren laufen. Dann kam auch schon wieder mein fantastischer Stabsfeldwebel und sagte zu mir: »Herr Leutnant, ich lege Sie in die Maschine, ich bringe Sie in die Maschine!«

Ich weiß bis heute nicht ganz, wie dieser Mann das geschafft hat. Aber ich kann bis heute spüren, wie er mich nach oben hob und mich dann zur Luke des Fliegers trug. Ich wurde reingezerrt. Er musste draußen bleiben.

Mein Stabsfeldwebel hatte daheim Frau und Kinder, ich nicht. Seine Disziplin und Kameradschaft – und die so vieler anderer – lebten bis in den Untergang.

Die Maschine setzte sich in Bewegung, stotterte und holperte über die letzte sogenannte Rollbahn. Und hob dann tatsächlich ab. Flaksplitter trafen die Tragflächen, aber der Pilot hielt Kurs.

Der Funke der Hoffnung in mir wurde in diesem Moment zu einem lodernden Feuer. Ich wähnte mich gerettet.

Ich weiß nicht, wie lange ich flog. Es kam mir auf jeden Fall sehr lange vor. Unter mir blieb diese Stadt in der Steppe, die mich wahrhaftig gefangen genommen hatte. Ich konnte sie nicht mehr sehen, aber ich spürte, dass ich ihr gerade entkam.

Später erfuhr ich, dass wir nur gut fünfhundert Kilometer flogen zum nächsten Rollfeld in Stalino. Ab hier verlässt mich meine Erinnerung etwas. Ich weiß bloß noch, dass mich jemand ganz vorsichtig und behutsam aus der Maschine herausholte. Über die nächsten Stunden legt sich dann ein großer Schleier, obwohl ich nicht ohnmächtig wurde.

Ich ahnte, dass ich in einem behelfsmäßigen Feldlazarett war, das hatte man mir gesagt. Aber ich wusste nicht, wo das war. Ich lag auf einer Trage und schien tatsächlich gerettet zu sein. Und mein Herz schlug schnell. Nicht nur wegen der hohen Körpertemperatur, sondern auch wegen der Aufregung und Erregung.

Ein wenig lichtet sich jetzt der Schleier meiner Erinnerungen, aber immer noch nicht ganz. Es dauerte lange, bis ich operiert wurde und in guten Händen war. Es dauerte ebenfalls lange, bis ich spürte, wie man sich Mühe um mich gab. Ich hörte, wie sich meine Nachbarn im Lazarett unterhielten, viele erleichtert und beglückt. Und dann geschah nach etwa einer Woche erstaunlicherweise das, was ich nicht mehr für möglich gehalten hatte: Ich konnte wieder sehen!

Das wurde mir erst langsam wieder bewusst, als dieser sehr nette Sanitäter, der sich um mich kümmerte, auf einmal zu mir sagte: »Aber Herr Leutnant, sie sehen doch wieder!« Ich hatte es zuvor wirklich nicht realisiert, nicht bemerkt. Für mich bedeutete es die Welt.

Bald schon wurde mir und meinen verwundeten Kameraden gesagt, dass man unsere Betten und unsere Liegen nun wieder brauchen würde. Aus diesem Grund würden wir verlegt werden. Es hieß: »Jungs, ihr kommt jetzt in ein richtiges Lazarett. Ihr kommt nicht mehr in Zelte, sondern in die Hände von unseren guten Kameraden. Ihr kommt zu Sanitätern, zu Ärzten und werdet zufrieden sein, wie ihr behandelt werdet. Damit ihr ganz gesund werdet. Oder so gesund, dass ihr zurück in die Heimat fahren könnt.« Erneut ging es zu einem Flugzeug. Nun aber sehr viel sicherer als bei unserem ersten Flug. Und diesmal konnte ich das

Flugzeug auch erkennen. Es war die alte Tante JU, die für Krankentransporte eingerichtet war.

In diesem Flugzeug gab es nur Hängematten, in die wir Schwerverletzten reingelegt wurden. Dann flogen wir nach Dnjepropetrowsk. Dort kamen wir nicht in ein Feldlazarett, sondern in ein sehr anständig hergerichtetes Lazarett in einer ehemaligen Kaserne. Ich habe diesen Ort sehr gut in Erinnerung. Ein drittes Mal wurde ich operiert. Ich hatte in Stalingrad irgendwo eine Pelzweste ergattert, die ich unter der Jacke getragen hatte. Gut gegen die Kälte, aber schlecht bei meiner Verwundung. Die Pelzweste hatte in mir viele Haare und Fetzen des Fells im Körper hinterlassen. Das begann zu eitern und wurde nun von den Chirurgen behandelt.

Mir war in diesem Augenblick sehr klar: Du hast dein Leben wieder. Du hast es sogar so gut wieder, dass du von anständigen Ärzten operiert und behandelt wirst. Mir war klar, dass ich schwer verwundet war. Aber ich hatte die offensichtlich berechtigte Hoffnung, dass ich doch wieder nach Hause kommen könnte.

Eines Morgens, ich war gerade auf meiner Liege aufgewacht, hörte ich jemanden an mein Feldbett treten und ihn sagen: »Sag mal, bist du nicht Hans-Erdmann Schönbeck?«

Ich riss mich, soweit es ging, zusammen, erkannte schemenhaft, dass ein General neben mir stand, und antwortete: »Jawohl, Herr General!«

Er erwiderte: »Dann darfst du mich duzen. Ich bin dein Onkel!« In diesem Moment ging der Himmel ein zweites Mal für mich auf! Mein Gott! Dieser General von Bernuth bringt dich nun nach Hause. Und er brachte mich nach Hause.

Am Tag, als ich in den Zug verladen wurde, der mich von Dnjepropetrowsk nach Lemberg fahren sollte, hörten wir Gefechtsdonner. Sieben endlos lange Stunden stand der Zug und fuhr nicht ab. Mit jedem Augenblick, den wir warten mussten, stieg die Angst in mir, dass uns nun doch noch die Russen erwischen. Was dann passieren würde, das wussten wir.

Ich hätte ihnen nichts entgegenzusetzen. Ich war vollkommen geschwächt, ich hatte ja monatelang kaum was zu essen bekommen. Und ich habe auch deswegen über Monate nichts Menschliches von mir gegeben. Niemand hatte mich bisher darauf untersucht. Nichts wirkte nun mehr, kein heißes Öl, kein Klistier, nichts. Das kam nun auch noch dazu. Ich war so erschöpft, dass ich fast aufgegeben hätte.

Wir lagen wie die Heringe in dem Zug. Dann kam ein junger Sanitätsoffizier. Er hatte die Aufgabe, diejenigen auszusortieren, die nicht mehr transportfähig waren und sie wieder zurück ins Lazarett zu bringen. Der Mann konnte nicht erkennen, dass ich ein junger Offizier war. Er sagte: »Ausladen!« Und meinte mich. Ich antwortete ihm: »Das kommt überhaupt nicht infrage.« Ich sammelte meine letzten Kräfte, wirkte energisch und sagte ihm: »Ich bin Offizier und befehle in diesem Moment, dass ich hierbleibe!« Er entschuldigte sich und sagte: »Leutnant Schönbeck bleibt im Waggon.«

Zwei Stunden später kam der junge Sanitätsoffizier wieder, kniete sich zwischen uns, nahm eine Hand von mir und drückte mir etwas hinein. Er flüsterte mir ins Ohr: »Wenn es gar nicht mehr geht, bitte nehmen!« – Nun hatte ich drei Ampullen in meiner Hand, wusste aber nicht, was in ihnen war.

Tagelang waren wir unterwegs. Unser Transport wurde unterwegs immer wieder auf ein Nebengleis geschoben. Manchmal bekamen wir einen Schluck dünne Suppe. Viele von uns konnten diese schon gar nicht mehr zu sich nehmen. Wir wurden dann von den Sanitätssoldaten auch gefüttert. Es war furchtbar. Aber ich machte das, was dieser junge Sanitätsoffizier mir gesagt hatte. Immer, wenn es gar nicht mehr ging, nahm ich eines dieser kleinen Fläschchen und brach die Spitze ab. Das ging sehr leicht. Darin war Morphium. Dann war ich weg. Es war der Himmel auf Erden.

So lange bis ich wach wurde und wieder in der Grausamkeit der Schmerzen zurück war. Trotzdem hielt ich diese Fläschchen eisern in meiner Hand und gebrauchte sie tatsächlich nur in den Momenten, in denen ich dachte: Jetzt kannst du wirklich nicht mehr. Das hat mich gerettet.

Denn es wurden viele, sehr viele unterwegs ausgeladen. Weil sie eben nicht nur nicht mehr konnten, sondern weil viele auch gar nicht mehr lebten.

Es war eine schlimme, schlimme Fahrt. Bis in diesen Moment hinein spüre ich es wieder. Dann liege ich wieder in diesem Zug inmitten aller Sterbenden.

Schließlich erreichten wir Lemberg. An irgendeinem Abstellgleis, an dem unser Zug hielt, stand tatsächlich mein Vater. Er hatte ein Abteil in einem richtigen Zug für uns ergattert. In dem fuhren wir Hand in Hand von Lemberg nach Breslau. Wir sprachen nichts. Aber die Hand meines Vaters sagte mehr als alles andere. Ich konnte nicht mehr, hatte keine Kraft mehr.

In Breslau stand meine Mutter am Bahnsteig. Das ist eines der Bilder meines Lebens, das mir bis heute ganz scharf und farbig und lebhaft vor Augen bleibt. Mit einem Strauß roter Rosen in ihrer Hand. Ich sehe diese Rosen noch heute vor mir. Wie sie leuchteten.

Mein Vater hatte mir sehr geholfen. Aber ich wollte nicht aus dem Zug getragen werden und sagte zu ihm: »Papi, ich möchte aufrecht aus dem Zug gehen. Ich möchte der Mami aufrecht gegenüberstehen.« Und mein Vater hat mich dann festgehalten, bis ich aus dem Waggon rausgekippt und meiner Mutter mit dem Rosenstrauß in die Arme gefallen bin.

Wenn ich davon erzähle, kommen mir heute noch die Tränen.

Ich hatte eine so wunderbare Mutter.

Ein Wimpernschlag frei

Seit ich Schönbeck kenne, empfinde ich ein paar Dinge im Leben anders. Weil sie mich sofort an ihn denken lassen. Etwa, wenn ich in einem Flugzeug kurz vor dem Start sitze. Dieser eine Moment, wenn es den Boden verlässt, wenn es flügelbebend nach Halt in der Luft sucht, längst noch nicht richtig getragen von ihr. Wenn es steil in die Höhe strebt. Wenn die Fliehkraft auf den Magen drückt, auf die Lunge, auf alle Eingeweide. Wie sich dann der ganze Rumpf und auch der Nacken an den Sitz presst. In diesem Moment muss ich seit ein paar Jahren immer lächeln. Denn ich male mir jedes Mal aus, wie sich dieser Sog wohl angefühlt haben muss für Schönbeck damals.

Für ihn war genau dieses Ziehen erhebend. Erhebend im tatsächlichen und im übertragenen Wortsinn. Denn dieser Moment, als das Flugzeug mit ihm in Stalingrad abhob, rettete und erhob ihn. Ihn, den gerade noch am Boden Gekrümmten. Aus der Hölle in den Himmel.

Der Himmel hilft ihm bis heute. Vor allem der Nachthimmel, wenn er wolkenlos ist. Denn manchmal lässt ihn die Vergangenheit immer noch nicht schlafen. Dann schaut er aus seinem Fenster und sieht in die Nacht. Hinauf zum Mond. Der Mond tröstet ihn, wenn er sein Schlafzimmer mit seinem Licht ausfüllt. Hans-Erdmann Schönbeck liebt den Mond. Er leuchtet für ihn wie damals in Stalingrad. Als die Welt im Krieg um ihn herum brannte, war der Mond für ihn der letzte Frieden. Als er gefangen war im Kessel von Stalingrad, schaute er zu ihm hinauf. Und fühlte sich einen Wimpernschlag lang frei.

Schönbecks Appartement ist groß und elegant möbliert. Neben seinem Schreibtisch hat er eine Weltkarte an die Wand gehängt. Von München ins heutige Wolgograd sind es keine zehn Zentimeter.

Er sitzt im Sessel seines Wohnzimmers und will beginnen zu erzählen, als am Himmel, der so weit und blau und friedlich vor seinem Fenster liegt, ein Flugzeug vorbeifliegt. Schönbeck verstummt, schaut zur Maschine und zu dem langen Silberstreifen, den sie hinter sich herzieht. Er schweigt, deutet zum Streifen, der sich langsam aufzulösen beginnt. Und der ihn jetzt mit einem Schlag acht Jahrzehnte in seine Vergangenheit versetzt: Er denkt an jene Flugzeuge, die ihn und die letzten Männer aus Stalingrad retten sollten. Für die 226 000 Toten und 91 000 gefangenen deutschen Soldaten gab es kein letztes Flugzeug. Schönbeck aber überlebte.

»Ja, ich habe überlebt. Und ich bin heute noch neugierig auf jeden neuen Tag«, sagt er. Ein paar jener Schrapnellteile aus Stalingrad, die immer noch in seiner Schulter stecken, ließ er vor Jahren schon herausoperieren. Um sie dann von einem Juwelier vergolden zu lassen und sie seiner damaligen Frau zu schenken: »Nichts kommt näher von meinem Herzen«, sagte er ihr.

In seinem Appartement ist es still. So sehr, dass man das Dröhnen, das Beben, das Grollen, von dem er mir erzählt, zu hören glaubt. Manchmal, wenn er kurz einmal innehält in seinen Gedanken, weil ihn das Zurückdenken traurig macht, passiert etwas Seltsames. Dann scheinen seine letzten Worte in seinem Wohnzimmer nachzuhallen. Nicht weil er so laut sprechen würde, sondern weil seine Worte so viel in und mit sich tragen.

»Stalingrad!« Wenn Schönbeck nur den Namen der Stadt sagt, in der er eingeschlossen war, klingt es nicht nach einem Ort. Es klingt nach all dem Grauen, für das es keine Sprache gibt. Er meidet es, so gut er kann, und wenn er es doch einmal benutzt, verdunkelt sich seine Stimme, und er muss tief ein- und ausatmen, bevor er weitersprechen kann.

Dabei ist er doch sonst meist von einem herrlichen Humor. Fein ist der stets, andeutend, nie grobschlächtig oder schenkelklopfend. Manchmal muss ich an Loriot denken, wie er so da sitzt in seinem Tweedsakko und den Mund spitzt mit einem Augenblitzen, wenn er einen Scherz machen will. Nie geht dieser Humor auf Kosten anderer, sondern amüsiert sich allenfalls an den Unzulänglichkeiten des Lebens. Oder an sich selbst. Aber er versagt ihn sich bei diesem Thema, denn Schönbeck verströmt etwas selten Gewordenes: Würde.

Mit eben dieser spricht er über das, was so schwer

zu sagen ist. Es ist sein Weg, überhaupt erzählen zu können vom Krieg.

Manchmal bedaure ich es fast ein bisschen, mit ihm immer über den Krieg und das Leid zu sprechen, weil in unseren Gesprächen so wenig Platz bleibt für seine eleganten Verschmitztheiten. Aber manchmal scheinen sie durch.

In seinem Bad bekommt man zwei Hinweise auf den Humor dieses Herrn. Da hat er eine große Karikatur auf seinen alten Beruf als Manager hängen, einen Pavian in Nadelstreifen. Und daneben hat er seine Faschingsorden gehängt, so etwa fünfzig baumeln bei ihm neben der Dusche.

Was hat er doch auch für eine Freude gehabt an diesem Leben! Manchmal kam es ihm vor, als wollte sich das Schicksal bei ihm erkenntlich zeigen, ihn dafür belohnen, dass er damals in diesem Erdloch nicht aufgegeben hat. Dabei hatte es eigentlich keinen Ausweg gegeben. An sich hätte er sterben müssen.

Alle paar Stunden zieht ein neues Flugzeug vor Schönbecks Fenster vorbei.

Ich stelle mir in diesen Momenten die Szenen vor: Wie einige Soldaten in Stalingrad auf die letzten Maschinen, die im Kessel landen, zustürmen. Wie sie sich hineindrängen wollen. Wie sie schreien, flehen, weinen. Wie die Wachen sie abwehren, auf einige von ihnen schießen. Wie die meisten von ihnen an der Einstiegsluke scheitern. Wie sie sich trotzdem noch mit letzter Kraft an die Fahrgestelle oder sogar die Tragflächen der wieder startenden Flugzeuge klammern. Wie der Pilot in der Luft einmal kurz mit den Tragflächen ruckelt und die Verzweifelten abschüttelt, auf dass die schwer beladene Maschine nicht wieder zu Boden stürzt.

Die Männer, die sich festgekrallt haben, fallen von oben wieder herab, zurück in den Abgrund von Stalingrad. Die Menschen fielen vom Himmel.

Was in Stalingrad passierte, versuchten die Nazis verzweifelt verborgen zu halten. Die Propaganda sollte alles Elend übertünchen.

Heute gibt es vielleicht noch eine Handvoll lebender Zeugen, die Stalingrad überlebt haben. Schönbeck ist einer davon. Wenn er von diesem verbrecherischen Krieg erzählt, dann stets geplagt von Zweifeln und voller Zorn auf Hitler. Trotzdem erlebte er in seiner Truppe Zusammenhalt. Wie er mit den letzten Kameraden Arm in Arm weinte, wie die Tränen an den Gesichtern gefroren, das wird er nie vergessen. »Ich konnte meinen Kameraden Zuversicht geben«, sagt Schönbeck.

Schönbeck hatte bis vor einiger Zeit einen prominenten Mitbewohner im Heim, der ebenfalls im Zweiten Weltkrieg in der Wehrmacht diente, den SPD-Politiker Hans-Jochen Vogel. Bis heute geblieben als Nachbar ist ihm *Der Alte*-Schauspieler Rolf Schimpf. Vogel kämpfte in Italien, Schimpf in einer Sturmgeschütz-Einheit in Russland, er wurde schwer verwundet, als eine Salve ihn ins Genick traf. Eines Tages treffe ich ihn auf dem Flur des Augustinums. Ich stelle mich ihm vor und frage ihn, ob er noch oft an den Krieg denken müsse. »Aber sicher«, antwortet Rolf Schimpf, »den Krieg bekomme ich nicht aus meinem Kopf heraus.«

Schimpf unterhält sich gern dann und wann mit Schönbeck, aber über ihre gemeinsame Zeit in Russland haben beide bislang nie gesprochen. Manche von Schönbecks Nachbarn im Heim würden sehr gerne mit ihm über den Krieg reden. Er bleibt dann meist höflich reserviert und versucht, das Gespräch auf das Heute zu lenken.

Er unterstützt bis heute die Deutsche Kriegsgräberfürsorge. Noch heute findet und sammelt die Organisation die Überreste von Kameraden Schönbecks, die in der Ödnis rund um Stalingrad verstreut liegen, und bestattet sie würdevoll. Was übrig blieb von ihnen, sind oft nur ein paar Knochen, ihre Erkennungsmarke und manchmal noch das metallene Koppelschloss ihrer Uniform mit der Aufschrift »Gott mit uns«.

Schönbeck glaubt, dass die Erinnerung an das Schreckliche bei ihm keinen allzu großen Schatten auf sein heutiges Leben wirft. Er glaubt auch, dass er zu den wenigen Veteranen aus dem Kessel an der Wolga gehört, die von innen heil geblieben sind in diesem Krieg. »Das ist ein großes Geschenk«, sagt Schönbeck. Je länger ich ihn nun begleite, desto eher muss ich ihm da aber widersprechen. Ich vermute nämlich schon, dass er traumatisiert ist bis heute. Aber ich weiß auch eines: Schönbeck ist bei allem, was ihn ans Gestern erinnert, immer ein verblüffend gegenwärtiger Mensch. Er schaut jeden Tag in den Himmel und freut sich seines Lebens.

Das ist keine Attitüde, sondern das gelingt ihm tatsächlich. Denn Schönbeck ist eine seltene Kombination. Ein Herr auf der einen Seite, ja, sogar das, was man einen Sir nennen würde. Einige seiner alten Kollegen nennen ihn bewundernd bis heute so. Er wirkt in der Tat ein wenig britisch. Von feiner englischer Art. Ein Mann der Etikette, bei dem jede Geste, jedes Wort gut gewählt erscheint. Der immer aufrecht sitzt, auch wenn ihm das in den vergangenen zwei Jahren zusehends schwerer fällt, weil sich sein Rücken immer mehr beugt.

Manchmal wundere ich mich über ihn und frage mich, wie ein Mann, der so zugewandt ist, solch eine Karriere machen konnte. Aber gerade das sei sein Erfolgsgeheimnis gewesen, deutet er an.

Wir kennen uns seit 2014, als ich ihn zum 75. Jahrestag des Weltkriegsbeginns interviewte. Später, im Jahr 2016, erschien ein Kapitel über ihn in meinem Buch »Jahrhundertzeugen. Die Botschaft der letzten Helden gegen Hitler«. Danach sind wir in Verbindung geblieben und telefonierten alle paar Monate. Einmal im Jahr besuchte ich ihn.

Wenn auf meinem Handy sein Name aufblinkt, hat das für mich immer etwas Wundersames. Wie schön, denke ich jedes Mal, dass er noch lebt. Und ein paar meiner kleinen Sorgen, die mich gerade noch begleiteten, verschwinden. Ich habe in dieser Sekunde, bevor ich das Handy ans Ohr nehme, das Flugzeug im Sinn, mit dem Schönbeck in den Himmel entkam. Und mir wird leicht zumute.

Ich schätze seine Weltläufigkeit und dass fast

alles, was er unternimmt, von großen Zügen ist. Bei einem meiner Besuche vor etwa fünf Jahren wollte er nicht ins Restaurant des Augustinums gehen wie sonst. Er war stattdessen mit dem Taxi in die Münchner Innenstadt zu Dallmayr gefahren und hatte eine Tüte voller Köstlichkeiten besorgt, die er in seinem Appartement servierte.

Dann kam eine Zeit, in der es ihm schlecht ging. Da wollte er nicht besucht werden. Erst als er wieder genesen war, sahen wir uns wieder. Ich erinnere mich an einen Besuch im März 2016, als er nach monatelangem Klinikaufenthalt endlich wieder zurück in seinem Appartement war.

Dieses Mal waren es der Magen, das Herz »und der Rest des Körpers«, erklärte er mit einem Lächeln. »Ich hielt einigen Winden stand in meinem Leben. Es kann aber gut sein, dass der nächste Wind mich umweht«, sagte er, »wir haben nicht mehr viel Zeit. Ich möchte schon noch gerne leben, aber mir bleibt nicht mehr lange dafür. Meine Kräfte verlassen mich immer mehr.«

Umso schöner, dass er sich damals geirrt hatte und wir fünf Jahre später endlich auf die Idee kamen, dieses Buch zu schreiben.

Er ist mehrfacher Großvater und einmal Urgroßvater. In die Freude darüber mischt sich Sorge, »dass die Kinder in diese Welt hineingeboren wurden«. Er sagt das seinen Lieben nicht, »denn ich will nicht, dass meine Sorge ihr junges Leben belastet. Und doch kann ich nicht anders, als so zu denken.«

Von seinem Küchenfenster aus kann er hinübersehen bis zum BMW-Tower am Münchner Petuelring. Dort war Harald Krüger von 2015 bis 2019 der Vorstandsvorsitzende. Schönbeck war lange selbst im Vorstand, und Krüger lud ihn manches Mal ein zu sich in den 22. Stock der Firmenzentrale. Denn Krüger hielt viel von Schönbecks Sicht auf das Unternehmen. Und so schickte er ab und an eine 7er-Limousine bis vor die Tür des Seniorenheims, um Schönbeck abzuholen und zu ihm zu bringen.

Eine halbe Stunde lang nahm sich der damalige BMW-Chef dann Zeit für ihn. Die beiden tranken Tee, und Krüger wollte wissen, was früher wichtig war und was heute wichtig ist für den alten Herrn. Wie er die Firma von außen sieht. Hans-Erdmann Schönbeck freute sich, dass seine Meinung noch gefragt war. Überhaupt sah er sich, trotz des Unheils, das er erlebt hatte, immer auch als Glücksmensch. Als ein Hans im Glück.

Immer schmaler ist er mit den Jahren geworden. Sein Haar ist schneeweiß, doch seine Augen unter den Brauen sind klar. Seine Ohren sind größer geworden, wie bei fast allen alten Menschen. Die Brauen über seinen Augen biegen sich buschig, ganz so, wie es bei den meisten Männern ist, die viel gesehen haben.

Sein Gesicht hat damals wie heute einen gütigen Ausdruck. Da ist nichts Hartes in ihm. Und auch sein Lächeln ist dasselbe wie jenes auf seinen Soldatenfotos. Die Zeit hat ihm nichts anhaben können. Dabei ist das doch das Schwerste. Sich die Güte im Lächeln zu bewahren, wenn man so viel erlebt hat.

Und auch dieser Blick blieb ihm. Mit dem er nicht abkanzelte und selten urteilte. Sondern mit dem er die meisten Menschen, die mit ihm zu tun hatten, für sich gewann.

Seinen Krieg hat er ins Regal verbannt. Zwei Meter messen die Bände über den Zweiten Weltkrieg.

Schönbeck brachte es nach dem Krieg als Topmanager bis in den Vorstand von Audi, dann von 1974 bis 1984 von BMW und dort auch in den Aufsichtsrat. Er war von 1984 an vier Jahre Präsident des Verbandes der Deutschen Automobilindustrie (VDA) und von 1985 bis 1988 zudem Präsident des Europäischen Automobilherstellerverbandes.

Er bekam das Bundesverdienstkreuz Erster Klasse und den Bayerischen Verdienstorden. In seinem Gesicht liegt bis heute die Konzentration und Ernsthaftigkeit, mit der dieser Manager vom alten Schlag lebte und arbeitete.

Er genoss sein Leben, war zweimal verheiratet, ist stolz auf seine drei Kinder, seine sieben Enkel und Enkelinnen, seinen Urenkel. »Meine Familie trägt mich.« Seine Kinder blicken ihn von Gemälden an seiner Wohnzimmerwand mit großen Augen an. Auf diesen Bildern scheint die Zeit stillzustehen. Nur selten kann er noch sein Heim verlassen, einen Ort, an dem noch einige, aber nicht mehr viele Männer leben, die in diesen Krieg ziehen mussten.

Schönbeck ist einer dieser Menschen, die einen Raum verändern, wenn sie ihn betreten. Er hat Charisma. Und doch gibt es Momente im Gespräch, in denen sich Schönbeck in seiner Vergangenheit zu verlieren scheint. Dann umklammert seine Hand die Sofalehne, und sein Blick schweift zur Kommode, auf der die Fotos seiner Lieben stehen. Gerahmtes Glück.

Es gibt Bilder im Leben eines jeden Menschen, die scheinen in seinem Gedächtnis stillzustehen für immer. Sie bleiben. Selbst im Rausch und in der Flut der immer neuen Bilder, die während eines Lebens auf uns einströmen oder in uns dringen.

Schönbecks schöne Bilder stehen auf seiner Kommode. Seine schlimmen blieben gegen seinen Willen in seiner Seele. Wie blinde Passagiere reisten sie sein Leben lang mit ihm. Dass er das zulässt, dass er sein Gestern annimmt, macht es ihm leichter, sie in sich zu tragen, sie zu *er*tragen.

Mein Toter

Im Panzer sitzt man relativ geschützt und sieht nicht immer, was man da anrichtet. Der Tod ist also weit weg. Einen einzelnen Menschen habe ich im Krieg hingegen ganz bewusst getötet. Es war bei einem Panzerangriff in den großen Stoppelfeldern der Ukraine. Das Getreide war schon geerntet und stand über das ganze Feld in Garben zusammen.

Wir haben diese Bündel mit Leuchtspur-Munition in Brand geschossen, weil wir wussten, dass die Russen darin überall versteckt waren. Plötzlich stand in zwanzig Meter Entfernung ein von oben bis unten brennender Russe vor mir. Mit erhobenen Händen. Während des Gefechts konnten wir weder aussteigen, noch ihn in irgendeiner Form löschen. Da habe ich befohlen: »Feuer frei«. Er ist von der Maschinengewehr-Salve meines Panzers zusammengesackt.

Das Bild von ihm werde ich nie mehr los.

Bei all den vielen Bildern meines Lebens blieb es mir.

Und vergessen kann ich es nie.

Er war der einzige Mensch im ganzen Krieg, den ich sehenden Auges töten musste. Aber sicher habe ich durch das Feuer meines Panzers sehr viel angerichtet.

Das lässt mich bis heute nicht ruhen, und es tut mir

Deutsche Soldaten in Stalingrad

so weh. Auch wenn es für ihn eine Erlösung war. Er wäre furchtbar untergegangen. Trotzdem. Es war ein Mensch wie ich und andere. Und ich habe ihm ganz bewusst sein Leben genommen.

Bis dahin hatten wir als Panzersoldat immer sagen können: Ach, da wo wir hinschießen, das ist so weit weg. Das sehen wir nicht. Wir sehen die Toten nicht, weil wir ja nicht Mann gegen Mann kämpfen.

Und doch: Bevor wir in ein Dorf gekommen sind, haben wir drei oder vier Häuser in Brand geschossen. Die waren mit Stroh gedeckt – mit der entsprechenden Munition zielten wir einmal durch das Dach, und dann brannte das Haus. Es wurde genau befohlen. Das dritte Haus von links, das sechste Haus von rechts, oder wie auch immer. Das war schlimm, das war sehr, sehr schlimm, was wir da gemacht haben.

Ich habe in diesen Krieg gehen müssen und bin dazu ausgebildet worden, weil der oberste Kriegsherr der deutschen Wehrmacht einen Krieg angeordnet hatte. Jeder musste oder sollte sich diesem Befehl fügen. Auch ich.

Aber wir alle, die wir dabei waren, tragen eine große Schuld.

Vor allem nachdem ich erfahren habe, was wir für ein unglaubliches Leid angerichtet haben. Das ist durch nichts, durch gar nichts zu verzeihen.

Ich habe mich oft in meinem Leben gefragt, ob man uns verzeihen kann.

Es gibt ja im »Vater unser« diese eine Stelle: »Und vergib uns unsere Schuld.« Wenn das in der Kirche gemeinsam gebetet wird, spreche ich diesen Satz nicht mit. Fast jeden Sonntag schaue ich mir den evangelischen und manchmal auch den katholischen Gottesdienst an. Und da bete ich auch mit. Nur eben nicht diesen einen Satz.

Das kann ich bis heute nicht. Den nächsten Satz schon, selbstverständlich: »Wie auch wir vergeben unseren Schuldigern.«

Natürlich versucht die evangelische Kirche, der ich gerne angehöre, das entsprechend auszulegen. Oft habe ich auch mit meinem Pfarrer darüber gesprochen. Dennoch. Da bin ich bockig. Denn ich empfinde: Es ist in einem Gebet so schnell mal dahingesagt. In der katholischen Kirche geht das mit dem Vergeben auch recht schnell, in der Form des Beichtens. Noch schlimmer! Das ist für mich unfassbar.

Gott kann uns unsere Schuld nicht vergeben!

Wir Menschen haben so viel Schuld auf uns geladen. Da kann ich doch nicht darum bitten, in nur einem schnellen Satz, dass man uns die Schuld vergebe. »Mach schon, lieber Gott, und vergib uns ...« Für viele mag das doch ganz einfach sein. Für mich ist es das nicht.

Ich gehörte im Krieg zu jenen, die vom Holocaust direkt erfuhren. Damals im Hauptquartier des Oberkommandos des Heeres Mauerwald, in das ich versetzt wurde nach Stalingrad, in der Nähe des Führerhauptquartiers Wolfsschanze. Richtig verstanden und ermessen können habe ich den Mord an den Juden aber erst, als ich die ersten Filme dazu sah. Das war natürlich ein ganzes Stück später. Jene Szenen aus dem gerade befreiten Lager Buchenwald. Die Berge von Leichen ... Und dann natürlich, als ich Dachau besuchte.

Auch wenn man es nicht hören wollte. Wenn man versucht hatte, es nicht für möglich zu halten. Aber irgendwann musste man sich dem stellen. Unsere ganze Generation musste sich dem stellen. Keine Frage. Ich habe den Krieg mitgemacht, und ich stelle mich diesen Schweinereien.

Und selbstverständlich müssen wir des Holocaust gedenken. Gerade auch in diesem Buch, in dem es um Stalingrad geht. Es darf und kann da keinen Schlussstrich geben.

Ich habe in eine Familie mit jüdischen Wurzeln geheiratet. Das ist sicherlich ein großer Beweis dafür, wie ich denke. Aber dieses Beweises bedarf es nicht. Weil es wirklich eine Selbstverständlichkeit ist.

Es gibt nicht viel hier in meinem Appartement, an dem ich wirklich hänge. Aber da vorne im Bücherregal, da steht ein Talmud. In Silber eingefasst und verziert mit Halbedelsteinen.

Teddy Kollek, von 1965 bis 1993 Bürgermeister von Jerusalem, hat ihn mir geschenkt und auch die Widmung in ihn geschrieben. Er hat mich an die Heiligen Stätten geführt. Zum Garten Gethsemane und in die Grabeskirche Christi. Er war sehr zuvorkommend. Vorher besuchten wir gemeinsam die israelische Armee.

Ich war dort, um Autos und Motorräder zu verkaufen. Das Ganze war vorbereitet durch unsere Diplomaten. Insofern war das ein ganz offizieller Besuch.

Dabei stand dieser Besuch unter bösen Vorzeichen. Wir flogen ausgerechnet an einem 9. November nach Israel, dem Jahrestag der »Reichskristallnacht«. Und mir war das zuvor nicht aufgefallen. Als ich es im Flugzeug sitzend bemerkte, wäre ich am liebsten gleich wieder zurückgeflogen.

Doch kaum waren wir angekommen, fuhren wir in militärisches Hochsicherheitsgebiet. Überall gingen die Schranken hoch. Und ich dachte: Wohin um Himmels willen fahren die mich denn hier? Höher geht es ja nicht mehr. Und dann kam ich tatsächlich zur Armeeführung.

Um es vorsichtig auszudrücken: Es ging um die Anbahnung eines größeren Geschäfts. Überall hingen riesige Bilder aus dem Sechstagekrieg an den Wänden. Und auf der Sinai-Halbinsel sah es beinahe so aus wie in der Kalmückensteppe. Kein Baum, kein Strauch, gar nix. Auf den Fotos sah ich in breiter Front israelische Panzer im Angriff auf Ägypten. Bei den Gesprächen habe ich immer auf diese Bilder geschaut, denn das hat mich natürlich interessiert.

Am Ende der Gespräche sagte ich dann: »Da haben Sie aber gute Fotos gemacht. Ich kenne diese Angriffsform.«

»Wieso denn, Herr Schönbeck?«

Ich erzählte, dass ich bei der Panzertruppe gewesen war. Zuvor hatte man das unter den Teppich gekehrt.

»Und Sie hätten das anders gemacht?«, wurde ich gefragt. »Nein, im Gegenteil, ich hätte genau diese Angriffsform gewählt, diesen Angriffskeil!« Und damit war ich mitten in taktischen Gesprächen. Es ging nicht mehr um Motorräder. Das war alles vergessen. Wir haben uns nur noch über Strategie, Aufklärung und Spionage unterhalten. Und da ich ja bei der Organisation Gehlen nach dem Krieg dabei war und nun behilflich war, den Bundesnachrichtendienst mit aufzubauen, konnte ich ein bisschen mitreden.

Dann gab es Lunch. Wir waren nicht mehr als fünf oder sechs Personen. Aber die erste Garde der israelischen Generalität war dabei. Einer von ihnen verschwand gegen Ende des Essens, kam aber nach fünf Minuten wieder und heftete mir das goldene Abzeichen der israelischen Armee an mein Revers. Das wurde mir Jahre später in einem Pariser Hotel, samt meinen Manschettenknöpfen und meinen Knöpfen für den Frack gestohlen. Da bin ich so traurig, dass ich das nicht mehr habe. Das war für mich ein großer Verlust.

Hitler liegt auf dem Weg

Hans-Erdmann Schönbeck ist hier oben in seinem Appartement nicht mehr auf der Erde. Und noch nicht im Himmel. Er ist dazwischen.

Er ist so hoch, wie die Schwalben segeln, wenn das Wetter schön werden soll. Auch ein paar Tauben landen auf der Brüstung seines Balkons.

Er ist in der Schwebe.

Er ist fast schon in eben jener Höhe, die ihn gerettet hat. In der ihn die Gewehrsalven und auch die russische Flak nicht mehr so leicht treffen konnten.

Alles Zufall? Das mag man so sehen. Doch Schönbecks Leben lässt selbst den Zufallsgläubigsten zweifeln, dass alles einfach so passiert ist mit ihm. Dass ihm sein Leben einfach so zugestoßen ist, kann nun wirklich niemand behaupten.

Aber ist es deswegen gleich ein Schicksalsleben, das hinter ihm liegt?

Wer sich erinnert und wer dafür wirklich weit zurückschaut, der wählt dabei gern den Blick in die Ferne. Möglichst ohne ein Ziel, denn das würde das Erinnern nur aufhalten. Unbewohnte und unbebaute Landschaften eignen sich dafür, noch besser Meereshorizonte. Wer übers Meer schaut, den hält nur die Krümmung der Erde davon ab, weiter in Richtung Unendlichkeit zu sehen.

Die Weite der russischen Landschaft schien ihren Eindringlingen oft ebenso: unendlich. Und als wären die meisten der Einmarschierenden nicht schon voll gewesen von Angst und banger Erwartung, so flößte die russische Unendlichkeit den meisten von ihnen Respekt ein, manchen auch Furcht und das Gefühl, verloren zu sein, natürlich auch das Bewusstsein, nicht hierhin zu gehören.

Wer von einer hohen Warte aus zum Horizont blickt, so wie Schönbeck aus dem elften Stock, der sieht ein Stück weiter. Und wenn er dann noch weise wurde mit den Jahren, sieht er nicht nur weiter, sondern auch tiefer.

An den Tagen, an denen wir uns hier oben treffen für dieses Buch, ist das Band der Berge, das im Sommer so blau leuchten wird, noch grau und weiß, weil die Berge noch so viel Schnee vom letzten Winter tragen. Schönbeck kann mit jedem schönen Tag mehr und mehr erleben, wie sich dieser Schnee davonmacht.

Recht häufig kommt an seinem Fenster ein Rettungshubschrauber vorbei, der Patienten ins Krankenhaus fliegt, das direkt vor dem Augustinum liegt. Wenn der Pilot dann wieder zurückfliegt, steht Schönbeck manchmal auf seinem Balkon und grüßt ihn. Und der Pilot grüßt zurück, indem er ganz nah an den Balkon heranfliegt und zwei, dreimal mit der Schnauze des Hubschraubers wippt. Ein kleines Ritual, man kennt sich.

Wenn ich zu Schönbeck fahre, komme ich bei Hitler vorbei. Bei dem Mann, der ihn sterben lassen wollte. Der ihn zurückgelassen und vergessen hatte für seinen Wahn. Und mit ihm eine ganze Armee.

Hitler war bis zum 8. Mai 1945 in München gemeldet, hier war sein »Zuhause«, auch wenn er zu Kriegszeiten nur noch selten dort war. Am Prinzregentenplatz 16 bewohnte er 300 Quadratmeter im zweiten Stock, wenn er in München oder auf dem Weg zum Obersalzberg war.

Hunderte Male bin ich an diesem Haus vorbeigelaufen, weil ich ganz in der Nähe selber wohne. Und seitdem ich Hans-Erdmann Schönbeck vor ein paar Jahren begegnet bin, bleibe ich einmal mehr für Sekunden vor diesem Haus stehen und schaue hoch in den zweiten Stock. Sehe hin zum Balkon, auf dem Hitler sich in der Frühzeit seines Regimes huldigen ließ. Und denke: ER ist tot. Aber Schönbeck lebt! Und zwar genauso wie einst Hitler in München, in der »Hauptstadt der Bewegung«. In dieser heute so wunderbaren Stadt. In der Schönbeck sein Glück fand nach dem Untergang und die er liebt.

Ich denke dann auch an so manch andere Überlebende aus dieser Zeit, die ich in München treffen durfte. Schon allein diese Vorstellung hilft mir. Denn wer vermag sich die Millionen und Abermillionen von Toten auszumalen, die Hitler hinterlassen hat?

Auch nicht all jene Männer, die einen Eid auf ihn, den »Führer« geschworen hatten. Die ganze 6. Armee, die in Stalingrad eingeschlossen war. Und der Hitler verboten hatte, auszubrechen aus dem Kessel. »Bis zur letzten Kugel« und bis »zum letzten Mann« sollte sie kämpfen und sich opfern, so befahl es der Erbarmungslose.

Auf dem Weg zu Schönbeck komme ich aber auch an dem Zaun am Münchner Ostbahnhof vorbei, an dem einst Sophie Scholl gestanden hatte. Nur wenige Wochen bevor Schönbeck in Stalingrad eintraf, stand sie davor und beugte sich über ihn herüber. Denn sie nahm gerade Abschied von ihrem Bruder Hans Scholl und ihrem gemeinsamen Freund Christoph Probst. Beide fuhren vom Ostbahnhof ab an die russische Front. Zwei berühmte Fotos zeigen diese Szene. Eines, wie Sophie Scholl ihre Arme ausbreitet. Und eines, wie sie ihren Bruder anschaut. Mit Schmerz im Blick.

Und egal, ob ich nun mit dem Rad oder der U-Bahn zu Schönbeck fahre, so passiere ich auf dem Weg zu ihm auch noch den Ort, an dem der Schreiner Georg Elser am 8. November 1939 beinahe Hitler in die Luft gesprengt hätte.

Der Bürgerbräukeller ist heute abgerissen, aber ein paar Bilder von Elser und brennende Kerzen erinnern an den Mann, der, wäre er erfolgreich gewesen, womöglich den Wahnsinn gestoppt hätte. Allein durch seine Tat. Hätte es denn ohne Hitler die schätzungsweise 52 Millionen Tote des Zweiten Weltkriegs gegeben? Die etwa 27 Millionen toter Russen? Die mehr als 5,5 Millionen toter deutscher Soldaten? Die etwa 6 Millionen ermordeten Juden, und auch nicht die Zehntausenden toten Sinti und

Roma, Homosexuellen, Andersdenkenden, Andersgläubigen und politisch Verfolgten?

An so vielen Häusern komme ich vorbei. Und denke an jene Häuser von Stalingrad. Ganz bewusst hatte die russische Generalität so viele Männer in die zerbombten Häuser kommandiert, weil es dort für die Deutschen nichts zu gewinnen gab. Haus um Haus hätten sie erobern müssen, überall drohte der Hinterhalt. 40 000 Stalingrader, meist Zivilisten, kamen allein schon um, als die Luftwaffe die Stadt zerstörte. An diesen Horror denke ich, wenn ich die so wunderbar heilen und wieder aufgebauten Fassaden von München passiere.

Hinter einer dieser Schnörkel- und Stuckfassaden lebte in München nach dem Krieg auch Erich Kästner, ein Gegner der Nazis, die seine Bücher verbrannten. Er war einer der wenigen, der in dieser Zeit der Härte und Kälte dagegenhielt. Mit seinem beseelten Schreiben und Dichten. Und der diese Zeit innerlich vielleicht nur deswegen überstand und überlebte. Sein Bild steht auf meinem Schreibtisch. Und auch er lebte in der gleichen Stadt wie Schönbeck. Sein Ehrengrab liegt auf dem Bogenhausener Friedhof. Neuerdings ruht dort auch Schönbecks alter Nachbar vom Augustinum, Hans-Jochen Vogel. Und dann bin ich bei ihm. In seiner Seniorenresidenz.

Ein fast Hundertjähriger fasziniert die meisten Menschen. Weil sie ahnen, dass solch ein Mensch viel Glück und viel Leid erlebt hat. Dass er vielleicht weise wurde. Viele Menschen aber freuen sich auch allein deswegen an einem solchen Zeitgenossen, weil sie selber hoffen, alt zu werden. Oder weil von Hundertjährigen fast so etwas wie eine kleine Gerechtigkeit ausgeht in einem ansonsten meist ungerechten Leben und Dasein. In dem so viele so viel jünger sterben.

Die neuen Rechten

Ich bin in meinem Leben immer ein Optimist geblieben. Trotz allem, was ich erlebt habe. Eindeutig.

Natürlich rütteln die Nachrichten an meiner Zuversicht. Ich habe den Eindruck, dass heute die ganze Welt auf dem Kopf steht. Dass in Asien ähnliche Unruhe und ähnliches Unrecht herrscht wie in Afrika, dass in Südamerika der Teufel los ist ... Wenn ich etwa an Venezuela denke, wo es viel Öl gibt und die Leute hungern, das erschüttert mich.

Manchmal fragen mich die jüngeren Mitglieder meiner Familie, wie ich die Dinge sehe und beurteile. Und dann antworte ich immer: Es wird ab jetzt noch drei Generationen dauern, bis es auf der Welt hoffentlich wieder so etwas wie eine Ordnung gibt. Eine Ordnung in der Wirtschaft, in den Medien und in der Politik. Aber noch sind wir in der ersten Generation.

Dass die Welt nirgends in Ordnung ist, belastet mich. Allein schon, weil das Wort Ordnung für mein Leben eine große Rolle spielt. Und erst recht für mein Leben in den vergangenen Jahren hier im Heim. Ohne Ordnung, ohne einen ordentlichen und streng geregelten Tag würde es mir längst schon nicht mehr gut gehen.

Viele alte Menschen sagen ja, dass die Welt früher

noch in Ordnung war. Das war sie natürlich nicht. Aber wenn ich es noch mal aus meinen Kinderaugen betrachten darf: Von meiner Geburt an 15 Jahre war es so. Dieses kurze Stück, da schien mir die Welt in Ordnung. Auch für die Familie war die Welt damals in Ordnung. In unserem Haus, auf dem Hof, auf den Feldern, im Garten, da war unsere Welt in Ordnung.

Ich habe in Stalingrad so viele Bilder des Schreckens erlebt, die mein Leben geprägt haben. Aber ich habe aus der Zeit als Kind und Jugendlicher auch wunderbare Bilder in meinen Erinnerungen, die mich ebenso geprägt und getragen haben. Vielleicht gaben sie mir Stärke. Vielleicht hätte ich ohne sie den Krieg nicht überstanden.

Wir hatten auf dem Landgut damals einen großen Mittagstisch. Es war auch immer irgendein Besuch da. Der Förster wurde eingeladen, der Inspektor auch.

Es stand auch stets eine Karaffe Wein auf dem Esstisch für die Erwachsenen. Mein Vater hat mich ganz früh mit in den Weinkeller genommen. Er hat mir dort alles gezeigt. Hat mich mit den Rebsorten vertraut gemacht und den Jahrgängen. Und dann hat er mir mit acht, neun Jahren gesagt: »Junge, hol bitte diesen oder jenen Wein rauf. Wir brauchen drei Flaschen.« Deswegen steht bei mir auch bis heute zu jedem Essen eine Flasche Wein auf dem Tisch. In den vergangenen Monaten habe ich mir sogar angewöhnt, wieder mittags einen Schluck zu trinken, nicht nur abends.

Und immer wurde bei uns über Politik gesprochen. Sie gehörte dazu wie das Essen und Trinken. Wenn sie so wollen, war sie ein Lebensmittel. Auch das hat mich von der Nazi-Ideologie entfernt. Genuss, Stil, Anstand, Benehmen und Politik gehörten für mich zusammen.

Ich kann meinen eigenen Enkeln aber kaum erklären, was es bedeutet hatte, in einer Diktatur zu leben. Ich fürchte mich bis heute vor Diktaturen. Vor allem vor jenen in China und in Russland. Gott sei Dank ist der Diktator in Amerika nun wieder verschwunden. Ich hatte in Trumps Amtszeit oft nach außen hin belustigend, nach innen aber bitterernst gesagt: Dieser Mann muss weg.

Mich ärgert es, dass ausgerechnet in unserer modernen Zeit überall auf der Welt neue Diktatoren und Despoten an die Macht kommen. Ich bin mein Leben lang strikt gegen jede Form des Radikalismus gewesen, egal ob er von rechts oder von links kam. Ich bin weiß Gott ein Gegner der Linken im Bundestag. Aber was mich heute am meisten beunruhigt und zwar in einem Maße, dass ich es kaum schildern kann: Das ist die Tatsache, dass es in unserem Deutschland so viele neue und so viele wiedererstarkte Rechtsradikale gibt. Wir sind ja förmlich unterwandert von rechten Extremisten. Und die haben leider Boden gewonnen durch die AfD. Das erschüttert mich.

Ein Wort noch von mir zur deutschen Politik und zu Angela Merkel: Wie sähe denn unser Deutschland heute ohne sie aus? Ich bin jemand, der sie immer verteidigt hat. Sie war stets der beste Außenminister, den wir je gehabt haben. Im Lande selber, das ist eine eher schwierige Sache. Ihre Flüchtlingspolitik etwa hätte eine feste Ordnung gebraucht. Nach außen aber hat sie uns in der Welt großes Ansehen verschafft.

Und ihre klare Haltung habe ich bewundert: »Wir schaffen das!« Oder: »Hier bin ich.« Klare Ansagen: »Lieber Putin, lieber Trump, wir Deutschen, wir meinen das.« Die Frau war stets ganz bei sich: »Hier stehe ich für Deutschland. Fertig.« Egal, welcher Präsident in Amerika oder Russland dran war. Sie hat dies mit einer Diplomatie geschafft, die man ihr zunächst gar nicht zugetraut hatte. Sie hat es einfach gut gemacht.

Das ist meine Meinung über Frau Merkel. In der letzten Phase ihrer Kanzlerschaft tat sie mir wahnsinnig leid. Man brauchte sie nur anzusehen, um zu bemerken, wie erschöpft sie war. Es war toll, was diese Frau Tag und Nacht geleistet hatte. Sie tat genau das, was sie am Tag ihrer Vereidigung versprochen hatte: Sie diente ihrem Land.

Alles ein Wunder

Es gibt zwei Arten zu leben: entweder so, als wäre nichts ein Wunder, oder so, als wäre alles ein Wunder.« Diesen Satz hat Albert Einstein gesagt.

Schönbeck wählte die zweite Art zu leben. Die Alles-ist-ein-Wunder-Art. Vor allem wundert er sich, wie viel Zeit ihm geschenkt wird. Statt wie sonst zu vergehen, scheint es, als hätte die Zeit in ihrer Hast und Härte, ja in ihrer Unerbittlichkeit, bei diesem Menschen eine Pause eingelegt.

Und es ist dann genau diese zeitlose und zugängliche Art, die es mir leicht macht, Schönbeck an der ein oder anderen Stelle trotz aller Zuneigung noch mehr zu hinterfragen. Ich tue es oft in den Wochen unserer Treffen. Ich ermutige ihn, sich selbst zu reflektieren und auch den Zweifel zuzulassen.

Er versteht das immer. So sage ich ihm, dass ein Mensch wie er, der menschlich erzogen wurde, der eine gewisse Lebensart beigebracht bekam und der empfindsamer aufwuchs als viele andere, dennoch ein Mann gewesen ist, der mitgemacht hat. Der deswegen, wie so viele andere, blind und taub wurde und als winziges Rädchen in der Nazimaschinerie als einer von Millionen Hitlers Terror ermöglicht hat. Ganz bestimmt, wie ich es selbst auch getan hätte,

Russische Soldaten im Häuserkampf

wenn ich damals aufgewachsen wäre. Und wie viele andere es bis heute tun würden.

Seine Talente und Gaben haben ihn bewusster und hellhöriger werden lassen, aber dennoch hat er lange geschwiegen und Unrechtes mitgetragen. Und zwar nicht nur irgendwo in der Menge, sondern als Offizier. Er sagt, er habe sich für diese Laufbahn entschieden, um das, was unverrückbar bevorstand, von einer etwas höheren Ebene aus durchzustehen. »Wenn du schon in den Krieg musst, dann nicht ganz unten«, sagt er. Aber genau in diesem Punkt erkenne ich von Tag zu Tag unserer Treffen mehr, wie sehr er, der Freiheitsmensch, gefangen war in dieser selbst gewählten Entscheidung. Und in dieser Zeit.

Schönbeck war ein Mensch in unmenschlicher Zeit. Oft ein guter. Und mitunter natürlich auch einer mit menschlichen Schwächen.

Schönbecks Weg während des Krieges hin zu einem Hitler-Gegner war ein langsames, stetes Werden. Und diesem Werden versucht dieses Buch nachzuspüren.

Und dann sitze ich mal wieder in der U6 auf dem Weg zu ihm, und mir kommen lauter Menschen in den Sinn, die heute ähnlich alt wie Schönbeck sein könnten.

Ich denke etwa an Hans Rosenthal, drei Jahre jünger als er. Mit diesem Mann wuchs ich auf, und ich bewundere bis heute, wie er den Krieg als Jude mitten in Berlin überlebt hatte, weil drei Berlinerinnen ihn in ihren Gartenlauben versteckt hielten. Rosenthal kommt mir wie aus einer anderen Zeit vor, dabei war er drei Jahre jünger als Schönbeck. Doch er starb schon 1987.

Und wenn ich an das Fernsehen meiner Kindheit denke, kommt mir ein anderer Showmaster in den Sinn. Während ich diese Zeilen schreibe, wäre Hans-Joachim Kulenkampff 100 Jahre alt geworden. Und mitten hinein in diese wohlige Erinnerung an jene Abende, als sich die ganze Familie noch vor dem Fernseher vereinte, blitzen aber auch jene Jahre in Kulis Leben, über die er sein Leben lang schwieg.

Allenfalls in ein paar Bemerkungen, die flapsig und mal eben wie nebenbei erwähnt wirken sollten, raunte er, dass er durch eine ähnliche Hölle gegangen war wie jener Mann, den ich nun gleich wieder besuche: Denn Kulenkampff war auch in Russland. Vier seiner Zehen amputierte er sich selber, weil die ihm abgefroren waren, mitten im »Unternehmen Barbarossa«, so der Tarnname des Russland-Feldzugs. Nach dem Krieg ließ er sich Spezialschuhe anfertigen, um den Halt zu bewahren. Er zeigte sie mir, als ich ihn als Volontär einmal in seiner Garderobe besuchte.

Als ich bei Kuli ankam in meinen Vergleichen, wurde mir einmal mehr bewusst, wie wunderbar es ist, dass Schönbeck sich derart öffnet, dass er alles erzählt über das für die meisten seiner Schicksalsgenossen Unaussprechliche. Kuli, der ansonsten über alles und jeden Worte verlor, konnte über das, was er erlebt hatte, öffentlich nur in Gags oder Spitzfindigkeiten reden. Sein Krieg kam in seinen Sendungen nur andeutungsweise vor.

Einmal, es war in einer NDR-Talkshow in den 1980er-Jahren, saß er ausgerechnet neben der Theater-Prinzipalin Ida Ehre, die den Krieg als Jüdin nur knapp überlebt hatte, und plauderte munter über den Bus, mit dem er damals auf Theater-Tournee ging. Dass er diesen selber gelenkt habe. Und dass ihm das mehr Freude gemacht habe als damals im Krieg, als er ein Flakgeschütz hinter seinem Fahrzeug bei sich geführt habe. Ida Ehre, die »Mutter Courage«, lächelte leicht gequält, aber auch verzeihend. Denn Kuli war ein Schauspielerkollege, den sie mochte.

Noch vier Stationen sind es nun, bis ich aussteige

aus der U-Bahn. Genug Zeit, dass mir Herbert Grönemeyers Vater in den Sinn kommt. Denn auch Wilhelm Grönemeyer war in Stalingrad, und auch ihn rettete eines der letzten Flugzeuge, das aus dem Kessel abhob. Einen seiner Arme hatte dieser Mann dort lassen müssen. Und ich male mir aus, wie der junge Herbert wohl seinen Vater gelöchert haben muss, als er als Junge anfing zu begreifen, wie groß das Glück wohl sein mag, dem er es verdankt, dass er überhaupt auf die Welt kam.

Und wenn meine U-Bahn-Gedanken schon bei Grönemeyer sind, wehen sie auch ganz schnell hinüber zu Wolfgang Niedecken. Nicht, weil der Vater des BAP-Sängers auch in Stalingrad gewesen ist, sondern weil Niedecken mir Stalingrad auf seine Weise in die Seele brannte. Als ich noch ein Junge war.

Damals, im Jahr 1981, sang Niedecken in seinem Lied »Jupp« von einem Obdachlosen, dem er immer mal wieder in Köln begegnete, genau dort, wo der kleine Wolfgang aufgewachsen war. Dieser »Jupp« erzählt die größten Storys aus seinem angeblichen Leben als Weltenbummler und Abenteurer. In einem fort, Tag um Tag.

Und wie dieser »Jupp« sich da also berauschte an seinen Fantasien in seinem Elend. Wo er überall gewesen sei in seinem Leben, an den wildesten und gefährlichsten Orten. Bis dann die Stelle im Lied kam, in der Niedecken besang, wo dieser Mann in seiner Jugend tatsächlich gewesen war. Nämlich in Stalingrad.

Doch davon, so endet das Lied, habe er niemals

berichtet. Weil er es auf seine Art verdrängt hatte. So sehr und lange, bis er auf der Straße landete.

Der von Kölsch ins Hochdeutsche übersetzte Text geht so: »Jupp erzählt vom Goldrausch. Und wie er Twist getanzt hat, mit 'ner Kobra! Von einem karierten Zebra, 'ner blonden Fee aus Peking, namens Lola! Nur von Stalingrad erzählt er nie. ›Wo liegt das, Stalingrad? In welchem Land ist das?‹ Stalingrad packt er nie, irgendwie ...«

Es folgte damals, als ich das Lied zum ersten Mal hörte, ein ins Herz stechendes Gitarren-Solo. Und die leise Ahnung in meinem Kinderkopf, dass es etwas Gewaltiges und Unsagbares mit diesem Stalingrad auf sich haben muss. Seit diesem Lied von Niedecken beschäftigte mich dieses Wort und mit ihm diese Geschichte. Auch wenn die »verdammt lang her« ist.

Ich steige aus der U-Bahn, nun sind es noch zehn Minuten zu Fuß zu Schönbeck. Mir kommt, wie könnte es anders sein in dieser Stadt, Sophie Scholl in den Sinn. Auch sie wäre in diesen Tagen 100 Jahre alt geworden. Mit einer »Hommage an Sophie Scholl« und mit meinem Buch »Jahrhundertzeugen« war ich in den vergangenen Jahren auf Lesereise.

An die 100 Auftritte hatte ich, vor allem an Schulen im ganzen Land. Weil mir Sophie Scholl und ihr Vermächtnis am Herzen liegen, weil München für mich nicht nur die »Hauptstadt der Bewegung«, sondern vor allem die Stadt von Sophie Scholl und der »Weißen Rose« ist.

Und wieder denke ich, dass nicht nur Sophies Bruder und ihre Freunde in Russland waren, sondern auch ihr Verlobter Fritz Hartnagel. Er war sogar in Stalingrad, wurde aber aus der Stadt gebracht, bevor die Russen sie einkesselten. Und er wandelte sich, ganz ähnlich wie Schönbeck, zu einem Gegner Hitlers. So schroff es klingt, aber Stalingrad hat Fritz Hartnagel gerettet. Wäre er nicht dort weit entfernt von seiner Sophie gewesen, die ja zu eben dieser Zeit Widerstand leistete, hätten ihn die Nazis verfolgt.

Ich denke jetzt an den letzten Brief, den Sophie ihrem Fritz schrieb und der ihn in Russland viel zu spät erreichte. Das wusste er nicht und gab sein Letztes, um Heimaturlaub zu bekommen und ein Gnadengesuch einzureichen in München. Als er dort ankam, war Sophie schon hingerichtet.

Zum vollständigen Bild einer Sophie und eines Hans Scholl gehört aber auch, dass beide zunächst begeisterte Hitleranhänger gewesen waren, was die menschlich wachsamen Eltern beunruhigte. Hans war Fahnenträger bei der Hitlerjugend, Sophie BDM-Führerin. Ihre Vorgeschichten auf dem Weg hin zu Helden nehmen ihnen nichts von ihrer Größe. Vielmehr zeigen sie auf, dass es für manche, die »verführt« wurden, einen Weg gab, sich und ihre Seele zu befreien. Wenn auch meist für den höchsten Preis. Das Leben. »Und ich wollte doch leben!«, sagt Schönbeck. Und man versteht es so gut.

Mein Mond

Egal, wie jung ich auch war. Schon immer bin ich mit einer Situation am besten fertiggeworden, wenn ich alleine war. Ich wollte es sogar oft sein.

Und in Stalingrad war ich es sehr.

Ich löste mich in solchen Stunden von der großen Traurigkeit meiner Kameraden. Diese dachten mit jeder Faser an ihre Heimat, ihr Zuhause. Die Tränen flossen. Und davon wollte ich einen Moment lang loskommen. Fragen Sie mich bitte nicht, warum. Denn ich war meinen Männern vorher ja immer nahe. Ich hatte auch die Kraft, sehr viele ältere Kameraden, bei denen ich merkte, dass sie es nicht mehr schaffen würden, mit meinen Worten einen Moment zu beruhigen. Ich ging durch die einzelnen Unterstände und sprach mit meinen Leuten das »Vater unser«. Manchmal begann ich, die Weihnachtsgeschichte zu erzählen, wenigstens ein paar Takte von ihr. Das schuf Nähe.

Unsere Truppe lag wie die meisten in einer der vielen Balkas, jener kleineren und größeren Schluchten. Die Steppe westlich von Stalingrad schien wie von Geisterhand vor Jahrtausenden aufgerissen. Zu unser aller Rettung!

Denn hier in den Gräben lebten und hausten nicht nur wir, sondern hier suchte auch die arme, aus der

Stadt vertriebene Zivilbevölkerung mühsam Schutz vor dem ständigen russischen Bombardement der Artillerie oder aus der Luft, das unseres lange schon abgelöst hatte.

In meiner Balka waren wir am Heiligabend 1942 etwa 15 Kameraden. Ich hatte unter ziemlich heftigen Beschuss am Vormittag eine kleine Kiefer aus dem Schnee der Steppe gegraben – wohl einer der ganz wenigen »Weihnachtsbäume« im ganzen Kessel.

Aber nun musste ich mich kurz einmal von meinen Kameraden entfernen. Ich ging durch den Schützengraben ein wenig tiefer in die Steppe hinein. Vielleicht waren das nur 20 Meter. Aber plötzlich war ich das, was ich in diesem Moment so gerne sein wollte: Ich war alleine.

Alleine, auch um mit dem, was mich bewegte, fertigzuwerden. Denn auch ich hatte ja ein Zuhause. Und auch ich wollte ja eigentlich getröstet werden. Ich dachte, dass wir verloren waren. In den vergangenen Tagen noch hatten wir dieses Donnern am Horizont gehört. Gefechtslärm unserer Truppen, die versucht hatten, den Kessel aufzusprengen und uns zu befreien. Doch dann verhallte dieser Donner immer mehr und verstummte schließlich. Das nahm uns die Hoffnung. Dass ich dennoch so vielen meiner Kameraden Hoffnung machte, war nicht ehrlich von mir. Aber es war in dieser Stunde unbedingt notwendig. Es war Weihnachten.

Für mich selbst dachte ich: »Das ist nun derselbe Mond, wie ihn meine Eltern und meine Schwester daheim sehen. Er scheint genauso in Deutschland wie hier. Er ist meine Brücke zur Heimat.« – Eine Brücke, die es wohl bald nicht mehr geben würde. Es war der Heiligabend, als mir und uns allen bewusst wurde, dass wir nicht mehr nach Hause kommen würden.

Wir haben so eine Wut bekommen, weil wir verraten und verloren waren.

Irgendwoher hatten wir einen ärmlichen Lautsprecher in unserem Unterstand und lauschten nun dieser berühmten Weihnachtsringsendung des Soldatensenders aus Deutschland über Funk. Alle Länder, die wir damals erobert hatten, vom Nordkap bis nach Afrika, wurden in dieser Sendung vom Sprecher aufgerufen und gegrüßt. Als Stalingrad gerufen wurde, begannen wir alle noch einmal mehr zu frieren. Die Stimme im Radio sagte, dass »unsere tapferen heldenhaften Soldaten in Stalingrad im Angriffskampf stehen« und dass »bald der Sieg nahe« wäre. Dann spielte der Sender »Stille Nacht, Heilige Nacht«, und es rollten Tränen. Von da an sprach niemand mehr in unserem Unterstand, vielleicht eine Stunde lang nicht.

Tatsächlich wusste ich, dass all die armen Kerle, die in den Häusern in der Stadt standen, verloren waren und umsonst kämpften. Damals entstand eine Verzweiflung und ein Zorn in der gesamten Armee, das kann man sich nicht vorstellen. Die Offiziere, ich war ja auch ein junger Leutnant, griffen nicht mehr ein, als die Männer Hitler verfluchten.

Ich erinnere mich nicht mehr daran, wie kalt es war. Aber ich weiß, es war sehr kalt. Man konnte in dieser Heiligen Nacht auch weit hören. Es war tatsächlich ruhig. Nur hier und da hallten an der riesigen Front leise Schüsse, in einiger Entfernung. Es war alles so ruhig. Die Russen schienen uns unsere Weihnachtsnacht zu lassen.

Und es war hell. Sehr hell. Das wurde mir aber erst klar, als ich sah, dass der Mond über uns stand. Und tatsächlich war es fast der ganze volle Mond. Das war mein Tröster.

Ich fühlte mich in einer Art mit ihm verbunden, wie ich es bis dahin noch nicht erlebt hatte. Und so war durch diesen Mond sofort die Brücke in die Heimat geschlagen. Ich war bei meinen Eltern. Bei meiner Mutter. Bei meinem Vater. Und ich spürte über Tausende von Kilometern ihre Angst. Unsere Verbindung war so eng. Ich ahnte, dass sie keinen schönen Heiligen Abend hatten. In Gedanken war ich auch bei meinen Schwestern, intensiv und harmonisch. Ich glaubte, wirklich dort zu sein. Es war mir alles so sehr nah. So sehr. Das war mein Halt. Der Mond, den die Eltern sehen konnten. Der Mond, den die Geschwister sehen konnten.

Vielleicht schaute ja jemand von ihnen in dieser Heiligen Nacht zu ihm hinauf? Es war derselbe Mond. In Stalingrad, in Schlesien, in Deutschland.

Als Offizier hatte ich einen gewissen Ehrgeiz, mich an Weihnachten zu rasieren. Ich hatte zu dieser Zeit einen, ich weiß nicht wie geretteten Feldsack. Da war tatsächlich sogar ein weißes Hemd drin, das ich dann an Weihnachten angezogen habe.

In dem Feldsack hatte ich auch drei in Frankreich geklaute Kirchenkerzen. Diese waren genau so lang wie mein Feldsack. Bis dahin hatte ich diese Kerzen gerettet. Ich erschien wie ein Gespenst, weil ich rasiert war und das weiße Hemd trug.

Dann bin ich bei meiner Einheit von Loch zu Loch gegangen und fragte: Wer hat Alkohol? Es war sogar Cognac da, den hatte irgendjemand besorgt, woher auch immer.

Ich habe es fertiggebracht, den Familienvätern den Arm um die Schulter zu legen. Und ich sagte zu ihnen: Irgendwie kommen wir hier raus. Aber daran geglaubt habe ich selbst nicht mehr. Und mir hat es auch niemand geglaubt. Ich habe versucht für meine Leute, für die ich ja verantwortlich war, da zu sein.

Schon der erste Weihnachtstag brachte dann die volle und grausame Gewissheit: Auch die deutschen Bodentruppen, die den Kessel aufsprengen sollten, hatten es nicht bis zu uns geschafft, der Gefechtslärm wurde wieder leiser, wich nach Westen. Unsere letzten Gedanken an eine Befreiung aus dem Kessel waren vergeblich gewesen. Denn Hitler hatte unseren Ausbruch verboten.

Noch nie ist ein sogenannter Heerführer, der damalige erste Mann unseres Volkes, so sehr gehasst, so verwünscht worden wie damals von uns vielleicht noch 230000 deutschen Soldaten. Von Weihnachten an war uns bewusst, dass wir geopfert worden waren. Kein noch so hartes Wort gegen ihn wurde geahndet.

Aber wir kämpften trotzdem! Um unser eigenes Überleben und für unser Deutschland – für unsere Angehörigen zu Hause, denn wir wussten ja, wie viele russische Streitkräfte durch unseren verzweifelten Kampf gebunden waren. Elitesoldaten der russischen

Armee, die durch uns nicht frei waren, um gegen die deutschen Grenzen zu drücken. So dachten wir. Und mit diesem Gedanken versuchten wir dieser Ausweglosigkeit etwas entgegenzusetzen.

Die Kälte drang nun noch einmal tiefer in unsere Sommeruniformen. Minus 30 Grad. An Schlaf war kaum zu denken, und furchtbarer Hunger zehrte an uns. Es gab pro Tag noch eine Scheibe Brot, meist nass oder gefroren.

Wenn man nichts zu essen bekommt, dann ist das in den ersten Tagen zum Verrücktwerden. Es ist ganz schlimm. Aber irgendwann hört das Hungerhaben auf. Das ist ganz merkwürdig. Leider ist es mit der Kälte anders. Die bleibt. Man spürt sie Tag um Tag. Aber immerhin weiß man irgendwann nicht mehr, ob es minus 20, 25 oder 30 Grad hat. Es ist einfach saukalt. Und es ist schrecklich und gefährlich.

Das klingt nun fast so, als könnte man sich an die Kälte gewöhnen. Aber man gewöhnt sich nicht an sie. Man stirbt an ihr.

Wenn man in der Kälte liegen gelassen wird, dann erfriert man jämmerlich. Ich sah einige Kameraden, die nicht mehr konnten und wollten. Die legten sich selbst in den Schnee und starben.

Wer überleben wollte, musste irgendwie in Bewegung bleiben. Aber wir waren schlapp und müde. Doch wenn ein Mensch überleben will, entwickelt er ungeahnte Kräfte.

Der Wille entschied also oft über Leben und Tod. Der Krieg hatte uns bis dahin gelehrt, einen starken Willen zu haben. Man war mittlerweile so hart geworden.

Stündlich hallten die Rufe russischer Lautsprecher zu uns herüber und forderten uns in einwandfreiem Deutsch auf überzulaufen. Aber das tat keiner von uns.

Das Verhältnis zum Tod ist für mich persönlich immer flüchtig gewesen. Aber als Offizier trug ich Verantwortung für viele Menschen. Wenn ein Gefecht vorbei war, mussten gefallene Kameraden beerdigt werden. Wenn es die Kälte überhaupt zuließ. Oft war die Erde zu hart und zu frostig. Am selben Abend musste ich mich mit sauberen Händen an ein weißes Stück Papier setzen und der Mutter, der Frau oder Freundin des Gefallenen schreiben: »Leider ist heute im Kampf für unseren heiß geliebten Führer ...« In einem solchen Moment ist man dem Tod viel näher, als in Augenblicken, wo es einen selbst hätte treffen können.

Berlin – Wolgograd

Weil Hitler weiter als unfehlbarer Feldherr gelten wollte, schickte er den »zweiten Mann des Dritten Reiches« vor, um die Niederlage von Stalingrad zu verkünden. Am 30. Januar 1943 um 13 Uhr hielt der Generalfeldmarschall und Chef der Luftwaffe Hermann Göring eine Ansprache an das deutsche Volk aus dem Ehrensaal des Reichsluftfahrtministeriums.

Ausgerechnet der Mann, der Hitler noch im Dezember geschworen hatte, dass er Stalingrad aus der Luft versorgen könnte. Schlimm an dieser Lüge und diesem Größenwahn war, dass er einem ganzen Volk damit falsche Hoffnung gemacht hatte. Noch erbärmlicher aber war, dass es ihm gelang, Hitler von dieser Lüge zu überzeugen. Und ihn so bestärkte in seinem fatalen Befehl, der Armee den Ausbruch aus dem Kessel oder die Kapitulation zu verbieten.

Nur ein einziges Mal gab es für wenige Stunden Hoffnung. Mehrere Offiziere hatten Hitler nach tagelangem Zureden endlich abgerungen, einem Ausbruch der 6. Armee aus dem Kessel zuzustimmen.

Woraufhin Göring in der Wolfsschanze noch einmal nachsetzte und Hitler erneut in die Hand versprach, Stalingrad aus der Luft versorgen zu können.

Was nicht im Ansatz gelang. Und Hitler daraufhin die 6. Armee ein für alle Mal ihrem Schicksal überließ.

Nun also dröhnte die Stimme Hermann Görings durch die Volksempfänger in die deutschen Wohnzimmer, und er brüllte: »Was dort unsere Grenadiere, Pioniere, Artilleristen, Flakartilleristen und wer sonst in dieser Stadt ist, vom General bis zum letzten Mann, leisten, ist einmalig. Mit ungebrochenem Mut, und doch zum Teil ermattet und erschöpft, kämpfen sie gegen eine gewaltige Übermacht um jeden Block, um jeden Stein, um jedes Loch, um jeden Graben.«

Dann verstieg sich Göring zu einem Vergleich mit der Nibelungen-Sage und schrie eine Leichenrede durch den Äther: »Wir kennen ein gewaltiges Heldenlied von einem Kampf ohnegleichen, es heißt ›Der Kampf der Nibelungen‹. Auch sie standen in einer Halle voll Feuer und Brand, löschten den Durst mit dem eigenen Blut, aber sie kämpften bis zum Letzten. Ein solcher Kampf tobt heute dort, und noch in tausend Jahren wird jeder Deutsche mit heiligem Schauer von diesem Kampf in Ehrfurcht sprechen und sich erinnern, dass dort trotz allem Deutschlands Sieg entschieden worden ist.«

Keine zwei Monate zuvor hatte Hitler noch im Münchner Löwenbräu-Keller großkotzig wie sein Stellvertreter Göring über den nahen Sieg in Stalingrad philosophiert. Am 8. November 1942 sagte er: »Ich wollte zur Wolga kommen und zwar an einer bestimmten Stelle, an einer bestimmten Stadt. Zufälligerweise trägt sie den Namen von Stalin selber. Aber denken Sie nur nicht, dass ich aus diesem Grund dorthin marschiert bin – sie könnte auch ganz anders heißen –, sondern weil dort ein ganz wichtiger Punkt ist. Dort schneidet man nämlich 30 Millionen Tonnen Verkehr ab, darunter fast 9 Millionen Tonnen Ölverkehr. Dort floss der ganze Weizen aus diesen gewaltigen Gebieten der Ukraine, des Kuban-Gebietes, zusammen, um nach Norden transportiert zu werden. Dort ist das Mangan-Erz befördert worden, dort war ein gigantischer Umschlagplatz. Den wollte ich nehmen und wissen Sie; wir sind bescheiden, wir haben ihn nämlich! Es sind nur ein paar ganz kleine Plätzchen da. Nun sagen die anderen: ›Warum kämpfen Sie dann nicht schneller?‹ Weil ich dort kein zweites Verdun haben will, sondern es lieber mit ganz kleinen Stoßtrupps mache.«

An diese Lüge und diesen Hochmut Hitlers muss ich immer wieder denken, wenn ich in meiner Stadt München am Löwenbräu-Keller vorbeikomme.

Und wenn ich in Berlin bin und an der Potsdamer Straße an jener Stelle entlanglaufe, wo damals der »Sportpalast« stand, dann höre ich bis heute Joseph Goebbels schreien. Denn am 18. Februar 1943, nachdem Hitler und Göring bereits schon ihr Volk per Rundfunkansprachen belogen und verraten hatten, war es nun an Goebbels, das Teufelswerk seiner Vorredner noch zu überbieten und in die Mikros zu krakeelen: »Ich frage euch: Wollt ihr den totalen Krieg? Wollt ihr ihn, wenn nötig, totaler und radikaler, als wir ihn uns heute überhaupt noch vorstellen können?« Und diese Worte schrie er ausgerechnet nach dem Untergang von Stalingrad. General Paulus, sein Gefolge und mit ihm 91 000 Soldaten gingen am 31. Januar in russische Gefangenschaft. Am 2. Februar 1943 endete die Schlacht offiziell.

2200 Kilometer Luftlinie von Berlin entfernt steht die größte weibliche Statue der Welt – im einstigen Stalingrad. 80 000 Tonnen Stahlbeton recken sich auf zu einer einzigen Geste: Eine Frau reißt ein mächtiges Schwert in den Himmel und ruft zum Kampf. Ihr Mund ist zu einem Schrei geöffnet, ihr Haar weht Richtung Osten, ihr Blick geht gen Westen, denn von dort kamen ja die Deutschen.

Das Denkmal heißt »Mutter Heimat«. Die Figur misst 52 Meter, und allein ihr Schwert streckt sich noch einmal 33 Meter weiter in den Himmel über dem heutigen Wolgograd.

»Mutter Heimat« thront auf dem Mamajew-Hügel, dem höchsten Punkt der Stadt, der damals militärisch wichtig und schwerstumkämpft war. Es heißt, dass unter dem Hügel bis heute die Gebeine von etwa 30 000 russischen Soldaten liegen.

Wer zum meistbesuchten Denkmal Russlands hinaufsteigen will, kommt vorbei am »Teich der Tränen« und passiert Bronzewände, aus denen die Konturen russischer Soldaten mit Kalaschnikow-Gewehren hervortreten. Auch ein paar deutsche Wehrmachtssoldaten sind verewigt, mit angstverzerrten Gesichtern.

Dann tritt man in die »Heldenhalle« hinein: Eine riesige Rotunde, in deren Mitte eine Hand aus dem

Die »Mutter Heimat«-Statue im heutigen Wolgograd

Boden emporragt, die eine lodernde »ewige Flamme« hält. Über ihr ist das Dach der Halle ausgespart, auf dass Rauch und Hitze in den Himmel steigen.

Das Knallen von Stiefeln hallt durch die Halle bei der Wachablösung, wenn die Ehrengarden in langsamem und weit ausholendem Stechschritt paradieren. Sie balancieren ihre Gewehre auf ihren Handinnenflächen. Vom Band klingen dazu hymnische Gesänge durch die Halle.

Unweit des Hügels liegt das Museum für die Schlacht. Ein turmartiger Bau, der direkt an eine der wenigen erhaltenen Ruinen der Stadt grenzt, eine ehemalige Mühle. Eine Ironie der Geschichte ist, dass dieses Haus einst von einem deutschen Architekten gebaut wurde.

Vor dem Museum steht der 2013 wiedererrichtete Barmaley-Brunnen mit den im Kreis tanzenden Kindern, der in vielen Dokumentarfilmen über Stalingrad gezeigt wird. Und daneben reckt bis heute ein Baum, der die Schlacht überlebt hat, seine Äste dem Himmel entgegen.

Auge in Auge mit Hitler

Nach mehreren Monaten im Lazarett kam der 20. November 1943. Der Tag, an dem ich jenem Mann gegenüberstehen sollte, der seine in Stalingrad eingeschlossenen Soldaten verraten hatte.

Ich hatte den Befehl, Hitlers Tross am Flughafen Breslau in Empfang zu nehmen und die Kolonne durch die Stadt zur Jahrhunderthalle zu geleiten. Die Stadt war mir vertraut, und ich kannte all ihre Wege. Ich sollte für die Sicherheit sorgen. So war der Befehl. Also trug ich meine Pistole, denn ich sollte ja helfen, die Szenerie zu sichern.

Hitler wollte junge Offiziere vereidigen. Lauter hoffnungsvolle junge Kerle, so wie ich einer war. Ich spürte in diesem Augenblick: Wenn es nach Hitlers Willen gegangen wäre, wärst du jetzt tot. Und mit mir eine ganze Armee. So wollte es unser Führer ja ausdrücklich. Dass wir kämpfen bis zum letzten Mann. Dass wir untergehen. In diesem Moment hat mich der Teufel geritten, eine unglaubliche Wut stieg an diesem Tag in mir hoch.

Schon nach kurzer Zeit wurde mir aber klar, dass das, was mich nun erwarten sollte, heikel für mich werden würde. Denn als Wehrmachtsoffizier hatte ich dort normalerweise nichts zu suchen. An diesem Tag war ich im Bereich der SS ein schwarzer Fleck.

Aber was konnte mir passieren? Meine Aufgabe war nicht schwierig. So fuhr ich in einem sechsrädrigen Mercedes, wie es sie damals für die Wehrmacht gab. Natürlich waren die Straßen voll mit Fähnchen schwenkenden Menschen. Das war alles organisiert.

Wir kamen also an, und ich dachte: Jetzt führst du ordentlich deinen Auftrag aus. Auch wenn die Kerle von der SS dich nicht mögen. Zu meinem Fahrer sagte ich, dass er vor der Jahrhunderthalle einen Bogen fahren sollte. Dann sprang ich genau dort, wo Hitlers Mercedes vor der Jahrhunderthalle zum Stehen kommen sollte, ab. Blitzschnell lief ich auf seinen Wagen zu, öffnete die Tür der Limousine und machte ihm Meldung: »Leutnant Schönbeck, Panzerregiment 24 …« Also alles, was ich pflichtgemäß zu sagen hatte.

Er stieg aus, schaute mich aufrecht an, streckte die Hand aus. Das hat in mir mehr ausgelöst, als ich es wollte. Es war, das muss ich zähneknirschend und voller Widerwillen zugeben, beeindruckend. Dieser Mann, den ich hasste, hatte eine Ausstrahlung. Ich kann nicht sagen, wie und warum. Es war ja nicht mehr als eine Minute.

Er bedankte sich, und ich wurde dann bereits von den SS-Leuten abgedrängt. Ich hatte im Rücken etwas gespürt. Irgendwas drückte man mir in die Rippen. Ob es ein Arm oder eine Pistole war, ich weiß es nicht. Man machte mir auf jeden Fall deutlich: Komm, du gehst jetzt hier weg. Diese Kerle erfüllten ihre Aufgabe ja bis zum Umfallen. Also musste ich weg.

Der ganze Pulk mit Hitler stieg nun die riesigen Treppen zur Jahrhunderthalle hinauf, und ich mischte

Hitler in der Breslauer Jahrhunderthalle

mich unter die Menschen. Eigentlich hätte ich im Auto warten sollen, um dann zurückzufahren.

Aber dort, in der Halle habe ich einen Eindruck bekommen, wie der Mann sich gibt. Hitler hielt eine seiner schrecklichen Schreireden an die armen Kerle, die da unten als künftiges Kanonenfutter angetreten waren. 400 junge Soldaten, die gerade Leutnant geworden waren und nun vom »heiß geliebten« Führer vereidigt wurden. Viele von ihnen glaubten wahrscheinlich auch an ihn, so wie ich das einmal getan hatte.

Und dann kamen mir die aus heutiger Sicht dummen Gedanken.

Alle Soldaten und Offiziere im Umkreis von Hitler trugen keine Waffen. Selbst Graf Stauffenberg und andere Vertraute mussten Koppel, Pistole und Mütze ablegen, wenn sie in der Wolfsschanze zu Hitler gingen. Ich aber durfte meine Waffe tragen an diesem Tag. Denn im Falle des Falls hätte ich ihn ja verteidigen sollen.

Aber ich könnte ihn mit dieser Pistole doch auch erschießen! Dieser Gedanke stieg in mir auf. Immer brennender wurde er.

Mir war in diesen Sekunden das ganze Drumherum – die 400 Offiziersanwärter, die SS – scheißegal. An all das konnte ich in diesem Moment nicht denken, sondern nur an das, was in Stalingrad geschehen war.

Das war ein schlimmer Moment in meinem Leben. Ich hab's nämlich nicht fertiggebracht. Ich war zu feige. Mit dem Gedanken zu schießen kam die Angst, und ich dachte mir bloß: »Mein Gott, du lebst doch gerade erst wieder!«

Ich habe Blut und Wasser geschwitzt. Sollst du, oder sollst du nicht?

Heute denke ich, dass es totaler Blödsinn gewesen wäre, denn sicherlich hätte man mich längst, noch bevor ich zum Schuss gekommen wäre, niedergeknüppelt.

Für ein paar Sekunden immerhin hätte ich gerne geschossen. Aber dann kamen mir mein Vater, meine Mutter und meine Schwestern in den Sinn. Alle wären doch, wie ich, erschossen oder schwer bestraft worden.

Das war ein entsetzlicher Moment. Wenn ich heute an ihn denke, bin ich immer noch schweißgebadet.

Eine Ahnung

Es bleibt ein großes Bedauern in Schönbecks Gesicht bis heute, wenn wir über diesen Moment sprechen. Und auch eine Verlegenheit, ein Hadern, dass er den allerletzten Mut damals nicht fand. Dass er in diesem Augenblick eben nur ein Mensch war und kein Held. Wer wäre in diesen Sekunden einer gewesen?

Zu dieser Zeit, als er Hitler so nahe kam, war Schönbeck abkommandiert zur Abteilung »Fremde Heere Ost«. Die lag im Oberkommando des Heeres im Mauerwald beim damaligen Rastenburg. Er diente dort im Zentrum der Macht, unweit des Führerhauptquartiers Wolfsschanze als Lagebearbeiter, war im Begleitkommando von Hitler bei dessen Flügen von Ostpreußen auf den Obersalzberg. »Ich erlebte, wie viele unverzeihliche militärische Fehler und Verbrechen geplant und begangen wurden«, erinnert er sich.

Schon vor dem Attentat am 20. Juli 1944 war aus dem Mitmarschierer ein Hitler-Gegner geworden. »Er hatte seine Soldaten verraten, ich wurde innerlich ein Gegner, der sich zutiefst wünschte, Hitler möge getötet werden.« Den Offizieren, die es wagten, fühlte er sich sehr nahe.

Wer Stalingrad erlebt hatte, habe spätestens dann nicht mehr an Hitler glauben können, sagt Schönbeck. »Ich habe ihn verflucht.« Und doch war er einer der unzähligen deutschen Soldaten, die verstrickt waren. Von dem entsetzlichen Ausmaß der Gräueltaten der SS im Rücken der vorrückenden Front erfuhr er erst nach dem Krieg. Aber eine Ahnung von ihnen bekam er auch bereits als Offizier im Mauerwald. Immer wieder erzählten ihm Frontoffiziere davon. Und auch bei den Verbrechen der Wehrmacht war er zwar selbst nicht in der Nähe, verborgen blieben auch sie ihm nicht. Zwar erlebte er keine Erschießungen, Vergeltungsaktionen oder gar Massaker. Aber er spürte immer deutlicher, dass er Soldat in einem gnadenlosen Feldzug war und dass Soldatenehre oder gar Ritterlichkeit, an die er ja mal geglaubt hatte, nicht mehr zählten. Er ist bis heute entsetzt und beschämt darüber.

Der Holocaust hinter der Front ist eine wenig bekannte und unvorstellbare Größe. Denn von den etwa sechs Millionen ermordeten Juden in der Shoah starben zwar vier Millionen in den Konzentrations- und Vernichtungslagern, aber auch zwei Millionen während und in direkter Folge der Feldzüge der Wehrmacht. Vor allem in Russland.

Das größte Massaker begingen Einsatztruppen der Sicherheitspolizei und des SS-Sicherheitsdienstes SD im September 1941 in der Schlucht von Babyn Jar in der Ukraine. Mehr als 33 000 Juden aus dem gerade eingenommenen Kiew wurden in diesen Abgrund getrieben und ermordet. Die meisten werden erschossen, einige aber lebendig begraben, vor allem Kinder. Noch Stunden nach dem Massaker hört man die Sterbenden schreien und stöhnen.

Das Töten selbst übernahmen SS-Truppen, Wehrmachtsoffiziere aber waren eingeweiht und halfen bei der Planung und logistischen Umsetzung. So rückten nach den Erschießungen Soldaten der Wehrmacht an und sprengten die Ränder der Schlucht, um die Spuren zu verwischen. Im Juli 1943, beim Rückzug der Wehrmacht, ließ die SS die Leichen wieder ausgraben und verbrennen.

»Leider erst viel später bekam ich zum ersten Mal eine Vorstellung, was hinter der Front geschieht«, erinnert sich Schönbeck. »Dass die SS Massenerschießungen und andere Massaker an der jüdischen und der russischen Bevölkerung begeht. Diese Ahnung bestand aus Gerüchten und leider auch aus immer mehr wahren Geschichten. Ich war so sehr entsetzt! Für uns, die wir überzeugt waren, bis dahin die sogenannten Regeln des Krieges eingehalten zu haben und sie auch weiterhin einhalten wollten, war das, was wir da zu hören bekamen, nicht zu glauben. Für uns, die wir noch an der Front standen, waren diese Verbrechen ja auch ein Dolchstoß. Ein Dolchstoß erster Güte sogar. Denn mit jeder dieser Schweinereien brachten wir einmal mehr die Russen gegen uns auf, und wir ahnten: Auch dafür werden wir bezahlen müssen.«

In seiner späteren Zeit im Führerhauptquartier in Ostpreußen erfuhr Schönbeck dann vom ganzen Ausmaß der Brutalität. Seine Stimme versagt beinahe, als er davon erzählt. Er weint tränenlos: »Ich konnte es nicht begreifen. Mir wurde klar, dass ich in einem Vernichtungsfeldzug gekämpft hatte. Ich habe damit bis heute zu kämpfen.«

Stauffenbergs Aura

In meiner Zeit im Mauerwald teilte ich meine Baracke mit Albrecht von Hagen. Er besorgte zusammen mit einem weiteren Kameraden den Sprengstoff für das geplante Attentat auf Hitler, das sich am 20. Juli 1944 ereignen sollte.

Unsere Baracken waren so, wie man sie sich vorstellt. Alles war aus Holz. Die Zimmer waren klein und praktisch eingerichtet. So, dass immer zwei Leute darin wohnen konnten. Es war also gerade einmal Platz für zwei Betten, zwei Spinde, zwei Stühle, für einen Tisch. Dazu auf dem Flur davor die Waschgelegenheiten. Wir Soldaten waren das gewohnt. An der Front wären wir froh gewesen, solche Möglichkeiten gehabt zu haben.

Der Reserveoffizier von Hagen war 18 Jahre älter als ich. Als junger Dachs, der von der Front kam, war ich darauf bedacht, ihn wissen zu lassen, dass er in unserer Wohngemeinschaft die Nummer 1 war.

Wir beide wussten, dass wir auf derselben Seite standen, dass wir beide gegen diesen »geliebten« Führer waren. Gegen diesen Führer, auf den wir vereidigt waren. Wir standen auch tagsüber im gleichen Dienst, in der gleichen Arbeitsbaracke. Und doch habe ich in keiner Weise geahnt, wie sehr er in die Organisation für die Vorbereitung des 20. Juli eingebunden war.

Wir mussten doch vorsichtig sein! Ein Wort zu viel hätte ja den Tod bedeuten können.

Ich war im Vergleich zu seinen Aufgaben und seiner Rolle ein Schäfchen. Und erst sehr viel später habe ich erfahren, was für ein wichtiger Mann dieser Albrecht von Hagen war. Wir hatten uns all die Zeit zusammengerissen, um ja nichts Falsches zu sagen.

Er war unter den Ersten, die ermordet wurden. Auf ausdrücklichen Befehl Hitlers wurde er in Berlin-Plötzensee brutal aufgehängt.

Er war ein Mann, der von der Universität kam. Und was immer er studiert hatte, er hätte besser in die Rolle eines Professors als in die eines preußischen Soldaten gepasst. Er war ein feinfühliger Mann.

Ich war mit drei Männern meines Alters befreundet. Wenn wir uns austauschen wollten, gingen wir in den Wald, in dem wir lebten. Natürlich konnten wir nicht immer zu viert gehen, denn das wäre aufgefallen. Und dann hat jeder von uns den anderen berichtet, was so erzählt wurde und was man beobachtet hatte.

Man wusste einfach, ob ein Gegenüber einer von uns war oder eben ein Hitlertreuer. Eine Erklärung dafür gibt es nicht. Vielleicht erkannten wir uns an der Art, wie wir sprachen und welche Worte wir wählten. Wir merkten einfach, wer wir waren und wer wir nicht waren.

So war es auch bei Albrecht von Hagen und mir. Ich habe nur gewusst: Das ist mein Mann. Und er hat gewusst: Ich bin sein Mann. Sprechen über unsere Einstellungen und Überzeugungen oder gar über das Attentat durften wir natürlich nicht. Was wäre gewesen, wenn einer einen Falschen erwischte?

Eines Tages saßen wir zusammen beim Mittagessen in einer großen Baracke, in der es mehrere lange Tische gab. Man wurde dort nicht gesetzt, sondern suchte sich seinen Platz selbst. Und so saß ich auf einmal Stauffenberg schräg gegenüber. Ich konnte ihn in seiner Art, in seiner Bewegung, in seiner Sprache ganz wunderbar erleben. Er war für mich eine ausgesprochen imponierende Persönlichkeit.

Und er war von einer besonderen Art. Mit seiner Frische und dem Mut, den er ausstrahlte. Ich bewunderte ihn gleich, wie er mit seiner Augenklappe, seiner verlorenen Hand und den drei übrig gebliebenen Fingern an der anderen umging, als sei er völlig unversehrt. Eine Persönlichkeit, die sich trotz ihrer schweren Verwundungen so verhielt, als sei sie gerade bei einer großen Feierlichkeit zugegen.

Und doch, vielleicht waren ja genau diese Verwundungen der Grund, dass er bei dem Attentat nicht schnell genug war. Es gelang ihm nicht, wie geplant im Vorraum der Lagebaracke auch die zweite Bombe scharf zu machen oder sie bloß in die Aktentasche zu legen, die er dann neben Hitler stellte. Hätte er das doch nur geschafft, dann wäre Hitler mit Sicherheit getötet worden. Es ist schade. Zu schade!

Der Gedanke löst in mir bis heute viele Emotionen aus. Der Krieg wäre vorbei gewesen! So aber kamen noch einmal mehr Menschen um, als vor dem Attentat ohnehin schon in den Tod gegangen waren. Auf den Schlachtfeldern. In den Konzentrationslagern. Und nicht zuletzt durch Standgerichte und die Urteile des

Volksgerichtshofs. Es ist schrecklich. Und unsäglich ist zudem, dass ausgerechnet diese Helden noch in der Nachkriegszeit von vielen für Vaterlandsverräter gehalten wurden.

Ich möchte an dieser Stelle auch von meinem Vorgesetzten erzählen: Graf Karl-Heinrich von Rittberg. Wie manch andere auch, nannte ich Rittberg nicht bei seinem militärischen Titel, sondern für mich blieb er der Herr Graf. Das war nirgends schriftlich festgelegt, aber erlaubt.

Was mich mit Rittberg verband, war die Tatsache, dass er wie ich ein Mann vom Land war und zudem aus Hinterpommern kam. Wir beide hatten sofort einen Draht zueinander, wir verstanden uns. Weit über unsere militärischen Dienstgrade hinaus. Im Grunde hätte es ja zunächst auch nur ein »Jawohl-Verhältnis« gewesen sein können. Aber es war von Anfang an mehr.

Rittberg war ein Macher. Er war von sehr stabiler Figur und von seinem Auftreten her ein bestimmender Mann. Bei ihm gab es kein Wenn und Aber. Es gab nur eins: Nach vorne! Und es gab ein: Für Deutschland! Aber wir spürten beide auch, dass wir nicht für Hitler waren.

Rittberg sah blendend aus und war ein hervorragender Offizier. Sonst wäre er in seinem Alter mit Sicherheit nicht im Generalstab gewesen. Ab dem Moment, da ich ihn kennenlernte, nötigte er mir sofort den notwendigen Respekt ab.

Eines Abends trug ich dem Grafen die Lage für den Frontabschnitt, für den ich verantwortlich war, vor.

Ich arbeitete damals im Bereich Spionage und Abwehr. Das umfasste die Luftaufklärung, die Befragung von Gefangenen und den Funk.

Er saß in seiner Baracke, ich stand, als er aus der Situation heraus sagte: »Schönbeck, ich kann mich doch auf sie verlassen, oder?« Ich antwortete: »Jawohl, Herr Graf.«

Es war klar, dass nun etwas Großes unmittelbar bevorstand. Etwas Großes gegen Hitler.

Vielleicht zwei oder drei Tage später fragte er mich noch einmal: »Schönbeck, gilt das? Ich kann mit Ihnen rechnen?« Beim dritten Mal sagte er: »Sie wissen, dass Sie Ihren Eid brechen müssen? Ich erwarte das von Ihnen!«

»Jawohl, Herr Graf!«, sagte ich.

Ein oder zwei Tage vor dem 20. Juli sagte er mir dann: »Schönbeck, jetzt muss jeder auf seinem Posten ganz, ganz wach sein.« Mehr sagte er nicht.

Er hat ganz klar gesagt: Du musst deinen Dienst machen. Auch wenn hier was los ist. Damit meinte er ganz klar den Tag des Attentats, an dem er mir entsprechende Befehle erteilt hätte. Er wollte, dass ich dann auf meiner Position bestimmte Aufgaben erfülle, um beim Umsturz zu helfen.

Ich kann nicht sagen, wie sehr er mit eingebunden war. Er wurde jedenfalls kurz nach dem 20. Juli von General Gehlen an die Südfront versetzt. Der wollte ihn damit schützen. Doch Rittberg wurde kurz vor Kriegsende dennoch standrechtlich erschossen.

In den Wochen vor dem Attentat lebte ich ohne Frage in einer innerlich großen Aufregung, seit ich vom Grafen Rittberg ins Vertrauen gezogen worden war. Ich schwor mir: »Du darfst es keinem erzählen, du kannst niemanden um Rat fragen, auch deine Freunde nicht.« Aber ich wusste für mich: Ich muss dabei sein. Es ist für dich eine Auszeichnung, dass du ins Vertrauen gezogen worden bist. Du musst nun versuchen, damit fertigzuwerden.

Ich denke, es ist ein ganz natürlicher Vorgang, dass bei mir gewisse Zweifel aufkamen, ob das Attentat so vorbereitet war, dass nach ihm nicht die SS die Oberhand bekam. Deshalb wollte Stauffenberg das Attentat ursprünglich ein paar Tage zuvor ausführen, als auch Himmler in der Wolfsschanze war. Doch der Versuch scheiterte.

Wir wussten, dass jede militärische Ebene von nationalsozialistischen Führungsoffizieren durchsetzt war. Wir wussten, dass diese Offiziere alles weitergaben. Und das löste eine solche Angst aus, dass niemand mit dem anderen sprach.

Es war für mich sehr aufregend und erhebend zu wissen: Mensch! Du bist dabei. Aber es waren da auch die Gedanken: Wer macht am Tag selbst mit? Wer macht hinterher mit? Das waren alles Fragen, die ich natürlich nicht beantwortet bekam. Ich konnte ja niemanden fragen.

Ich wagte auch nicht mit einem meiner drei Freunde darüber zu sprechen. Ich kam mir denen gegenüber schlecht vor. Denn ich verfügte über Wissen, das wir normalerweise bis dahin untereinander ausgetauscht hatten.

Nur mit Rittberg hätte ich grundsätzlich ein Gespräch führen können. Aber immer in der Funktion des Untergebenen gegenüber einem Vorgesetzten. Das war eine ganz andere Situation, als sich mit Freunden auf einer Ebene zu unterhalten.

Und dann sagte er eines Abends zu mir: »Schönbeck, Sie müssen sich bereithalten!«

Natürlich war ich in diesem Augenblick voller Fragen. Aber es war für mich durch den Abstand zum Herrn Major, und an dieser Stelle nenne ich ganz bewusst den militärischen Titel, unmöglich. Es war einfach nicht erlaubt, ein Gespräch zu beginnen mit seinem Major. Ein Gesprächsangebot hätte, wenn überhaupt, von ihm kommen müssen.

Nach dem 20. Juli wurde ich von der SS mehrfach verhört und immer wieder angeschrien: »Schönbeck, du hast doch neben der Bombe geschlafen! Gib es endlich zu, dass du einer von den Verrätern bist!«

Meine Rettung war, dass ich kurz und knapp immer dasselbe gesagt habe. »Ich habe es nicht gewusst, ich hatte keine Ahnung davon. Warum sollte man mir es erzählt haben?« Es waren immer Sätze dieser Art, und ich bin nie davon abgewichen. Das hat, so denke ich, sehr geholfen, dass sie mich nicht knacken konnten. Dass ich in keiner noch so kleinen Aussage einen Fehler gemacht habe. Denn darauf war solch ein hartes Verhör ausgelegt. Dass man aufs Glatteis gerät.

Dass mir die Folter erspart blieb, wundert mich bis heute.

Die große Enttäuschung aber, dass Hitler das Attentat überlebte, blieb mir. Dass der 20. Juli scheiterte, war mein zweites Stalingrad.

Wenigstens kam ich da wieder heraus. Ohne mich aufzugeben. Ich konnte mir treu bleiben.

Ich begehe den 20. Juli jedes Jahr ganz alleine für mich. Solange ich in meiner Familie lebte, habe ich sicherlich selten mal hier und da ein Wort darüber fallen lassen. Nun bin ich seit 13 Jahren alleine im Heim. Jedes Jahr am 20. Juli öffne ich abends eine besonders gute Flasche Wein. Und dann sage ich zu mir selber: »Mensch, du warst auch dabei. Was ist das für ein Jammer, dass das damals nicht geklappt hat!« Denn wir hätten das hinbekommen können.

Ich kann und möchte jedoch bis heute mit niemandem darüber reden. Soll ich denn zu den Leuten hier im Augustinum sagen: »Heute ist der 20. Juli. Können Sie sich noch daran erinnern, was da 1944 passiert ist?« Alte Leute gibt es hier ja genug. Ich will aber gar nicht, dass die das wissen.

Plötzensee

Als ich neulich in Berlin war, besuchte ich noch einmal die Gedenkstätte Plötzensee. Die Hinrichtungsstätte der Nazis, in der sie unter anderem jene ermordeten, die Widerstand leisteten.

Solange es im Deutschen Bundestag eine Partei gibt, in deren Reihen Rechtsradikale, Geschichtsverharmloser und Anhänger gestrigen und faschistischen Gedankenguts sitzen, ist es mir und vielen anderen besonders wichtig, die Erinnerung an die Widerständler zu ehren. Sie aus dem Gestern in die Gegenwart zu rücken.

Ich betrete den Raum, in dem die Nazis die Menschen aufhängten, und sehe hinauf zu den Stahlträgern mit den Fleischerhaken. An diese Haken knüpften die Henker das Stahlseil, das sie zuvor um die Hälse ihrer Opfer geschlungen hatten. Und erhängten sie. Auf ausdrücklichen Befehl Hitlers auf diese besonders qualvolle Art und Weise. Ein paar dieser Hinrichtungen ließ er auch filmen und sie sich vorführen.

200 Männer und Frauen des 20. Juli 1944 wurden ermordet. Unter ihnen: Gertrud Beck, Ehrengard Frank-Schultz, Elisabeth Gloeden und Elisabeth Kuznitzky. Die meisten dieser 200 waren eingebun-

den in das Attentat. Aber viele von ihnen waren auch »nur« Mitwisser und warteten auf einen Befehl des innersten Kerns der Widerständler. Sie hielten sich parat. Sie waren bereit. Wie Hans-Erdmann Schönbeck damals.

Ich schaue also hinauf zu den Fleischerhaken und bin einmal mehr glücklich, dass Schönbeck lebt.

Schloss Elmau

Eine Zeit inmitten all des Schreckens ist mir heute beinahe unwirklich in Erinnerung. Denn es handelt sich um eine kurze Zeit, in der ich beinahe unbeschwert und gut leben durfte. Ich möchte von ihr hier kurz erzählen, ohne das Leid, das sich rings um diese Episode weiter so furchtbar ausgebreitet hatte, kleiner zu machen.

Von der Personalabteilung des Heeres bekam ich einmal eine Auszeichnung. Das waren drei Wochen Urlaub im Schloss Elmau. Jenes in Oberbayern, in dem 2015 auch der G-8-Gipfel mit Barack Obama stattfand – mehr als sieben Jahrzehnte später. Diese Zeit dort hat mich so geprägt, dass ich mein Leben lang immer wieder dorthin gefahren bin.

Mit der Bahn ging es damals bis Mittenwald. Dort stieg man aus und stand unter fast senkrechten Felswänden. Da wurde mir bewusst, was für schöne Berge wir in Deutschland haben. Das wunderschöne alte Schlosshotel war 1942 von der deutschen Wehrmacht gepachtet und als Offizierserholungsheim genutzt worden. Es lebten auch verschiedene Damen dort. Das waren Offizierswitwen.

In der großen Empfangshalle wurde man gebeten, ein Anmeldeformular auszufüllen. Es musste noch aus der Zeit vor dem Krieg stammen, denn ich kam zu dem Feld »Beruf« und musste sofort laut lachen. Ich fragte die Dame, die hinter dem Tresen saß: »Wieso müssen wir denn unseren Beruf eintragen? Wir, die wir hier sind, machen doch alle dasselbe!« Ja, man müsse das eben dort hinschreiben, gab sie zur Antwort, und ich solle es nicht so ernst nehmen. Daraufhin schrieb ich spontan »Dompteur« auf den Zettel – und nahm dann tatsächlich diese Rolle an.

Damals wie heute ist der große Speisesaal der Treffpunkt, wo die Gäste, oder zu jener Zeit eben die Soldaten, zusammenkommen. Natürlich musste man immer zu einer bestimmten Zeit dort sein. Blitzschnell hatte sich meine Geschichte mit dem Dompteur rumgesprochen. Das hatte ich nicht vermutet. Nun bekam ich schon Angst. Denn es gab ja Vorgesetzte in diesem Haus. Was hatte ich da nur angestellt? Ich spielte dennoch weiter.

Man fragte mich also neugierig aus. Ich erzählte, dass ich eine Tigergruppe gehabt hätte, mit der ich ganz weit hinter die Front gefahren sei. So wie die hübschen Frauen und die Schauspieler. Und dann sollte ich berichten, wie das denn gewesen war. Im großen Waschraum habe ich dann meine große Rückenwunde aus Stalingrad gezeigt und behauptet, da habe mich mal ein Tiger erwischt. Ich war sofort in aller Munde.

Beim ersten oder zweiten Mittagessen entdeckte ich einen Bekannten. Wie ein geölter Blitz bin ich zu dem hin und hab zu ihm gesagt: »Halt bloß die Schnauze. Ich bin Dompteur, spiel das Spiel mit, dann haben wir

Spaß!« Es sollte ja Erholung und Auszeichnung sein. Wir waren nicht dort, um strammzustehen.

Ich trug einen bayrischen Janker und ließ meine Uniform im Koffer. Von daher war es glaubhaft, dass ich Dompteur war. Und mein netter Bekannter spielte auch noch mit.

Der wurde dann gefragt, ob er das miterlebt hätte. »Nein«, sagte er, »ich war ja in einem anderen Frontabschnitt.« Das ging natürlich nur wenige Tage gut, bis es herauskam. Dann wurde ich zu einem verwundeten Hauptmann bestellt, der dort Hausvorstand war. Ich trat in kompletter Uniform an. Er machte mir klar: Noch eine Klage über mich und ich würde des Hauses verwiesen. Allein die Tatsache, dass ich derart ausgezeichnet und eigens für diese Erholung ausgesucht worden sei, würde es erlauben, dass ich bis dahin im Haus bliebe. Aber er erbitte sich totale Ruhe und Anständigkeit von mir. Ich sagte: »Jawohl, Herr Hauptmann!«

Doch es fiel mir schwer. Schließlich waren doch so nette junge Frauen da. Eine besonders liebenswerte und hübsche saß vorne in der Empfangshalle. Sie war dort in der Telefonzentrale beschäftigt. Durch die ganzen Telefonate war sie natürlich stark beschäftigt. Schon als ich diese wunderbare Dame beim ersten Mal sah, hat sie mich fasziniert. Natürlich war ich, wann immer möglich, mit den Frauen zusammen. Ein Teil von ihnen war oben im Turm einquartiert. Was haben wir dort für schöne Stunden erlebt. Und wir sind immer anständig geblieben.

Eines Abends, es war schon Stille im ganzen Haus,

habe ich mich in den großen Empfangsraum geschlichen. Ich wusste, dass man die Scheibe der Telefonzentrale nie zusperrte. Ich schob sie also nach oben, und mit einem Schwung war ich in diesem Raum und telefonierte. Vorher hatten wir mächtig gepichelt. Erst unten in den Aufenthaltsräumen, dann ging es oben auf den Zimmern weiter. Ich war in sehr guter Stimmung.

Auf diese Weise hatte ich nun schon einige im Haus erreicht, genauer gesagt geweckt, und wurde dementsprechend beschimpft. Dann hatte ich die Witwe eines Generals am Telefon. Das war mein Ende in Elmau. Eine Beschwerde war kaum nötig, ihr Wort hatte Gewicht. Also wurde ich wieder zum Hausvorstand bestellt. Mir war klar, dass ich gehen musste. Gott sei Dank war ich schon zwei Wochen dort. Ich wäre sehr gerne noch dageblieben.

Dann passierte, was passieren musste. Der Hauptmann sagte: »Oberleutnant Schönbeck, Sie selber haben sich verbaut, was Sie hier an schöner Zeit noch hätten erleben können. Ich weiß, Sie sind ein guter und netter Gesellschafter, ein guter Kamerad gewesen. Der Unsinn mit dem Dompteur ist vergessen, aber Sie lassen mir keine andere Wahl. Ich muss Sie des Hauses verweisen. Packen Sie bitte Ihre Koffer. Der nächste Zug in Mittenwald ist Ihrer. Sie werden dorthin gebracht.«

»Jawohl, Herr Hauptmann!«

Meine bevorstehende Abreise sprach sich wie ein Lauffeuer im Haus herum. Es gab einen kleinen Aufstand. Andere Erholungssuchende schickten eine Abordnung zu dem Hausvorstand, verbunden mit der Bitte, doch um Gottes willen den Oberleutnant Schönbeck in Elmau zu belassen.

Und tatsächlich! Ich durfte bleiben.

Und kehrte ab dann all die Jahrzehnte zurück in das Hotel. Selbst nach dem Brand und dem Wiederaufbau, welcher das Haus ganz anders erscheinen ließ, bin ich ihm treu geblieben.

Meinen 85. Geburtstag 2007 habe ich in Elmau gefeiert. Meine Kinder, die ja alle im Arbeitsleben standen, habe ich an einem Wochenende kommen lassen. Wir haben ein wunderschönes Essen zusammen genossen, wir haben eine sehr feine, kleine Aufführung meiner Tochter, zusammen mit ihrem Mann und den Töchtern erlebt. Es war ein wunderschöner Tag.

Rau, Schmidt, Strauß, Genscher

Mir kommt beim Schreiben über Schloss Elmau Altbundespräsident Johannes Rau in den Sinn, der dort sein Leben lang als Stammgast urlaubte. Mit dem ich als Landesvater in meiner Heimat aufwuchs. Und der in Israel und von vielen Menschen guten Willens verehrt wurde für seine Sehnsucht nach Versöhnung zwischen Israel und Deutschland. Mit ihm kommt mir auch immer wieder Altkanzler Helmut Schmidt in den Sinn. Weil er als erster Kanzler Auschwitz besuchte und weil er, wie Schönbeck, als junger Offizier in diesem Krieg in Russland gewesen war. Und weil er abkommandiert wurde, um das Tribunal gegen die Männer des 20. Juli in Berlin als Prozessbeobachter zu verfolgen.

Wenig hat Schmidt davon berichtet, erstaunlich wenig. Und doch gibt es ein Lieblings-Gedicht von ihm, das sehr viel darüber erzählt, was der Krieg für Schmidts Leben bedeutet hatte. Schmidt rezitierte es einmal, als ihn eine Journalistenkollegin zu seiner Soldatenzeit befragte. Das Gedicht heißt »Stopping by Woods on a Snowy Evening« von Robert Frost. Paul Celan, der berühmte Autor der »Todesfuge«, hat es so ins Deutsche übersetzt:

Innehaltend inmitten der Wälder an einem Schnee-Abend

Wes diese Wälder sind, das weiß ich recht genau.
Allein im Dorf erst, drüben, steht sein Haus.
Der Schnee füllt ihm den Wald – steh ich
und schau,
dann sieht er mich nicht, macht er mich nicht aus.

Mein kleiner Gaul, der findet's wohl verquer:
kein Haus, kein Hof – und dahier hält sein Herr;
ein Teich, gefroren, und nur Wälder um uns her;
der Abend heut – im ganzen Jahr kein finsterer.

Das Zaumzeug schüttelt er – die Schelle spricht:
Ist das ein Mißverständnis – oder nicht?
Ich lausch und horch – ich hör sonst nichts;
doch, dies noch: leichten Wind, die Flocken,
erdwärts, dicht.

Anheimelnd, dunkel, tief die Wälder, die ich traf.
Doch noch nicht eingelöst, was ich versprach.
Und Meilen, Meilen noch vorm Schlaf.
Und Meilen Wegs noch bis zum Schlaf.

Auch zu Schönbeck passen diese Zeilen, der ja auf einem von Wald und Feldern umarmten Rittergut in Schlesien aufwuchs. Dort liebte er es ganz besonders, sich um die Pferde in den Stallungen zu kümmern, und genoss die Geborgenheit inmitten der Bäume.

Selbst ich denke, wenn ich dieses Gedicht lese, an

den Schnee von Russland, der Schönbeck, genauso wie Schmidt, so gefährlich wurde. Aber in Robert Frosts Versen klingt auch dieser starke Wunsch zu überleben an. Und nicht nur das. Auch der große Wille, auszuhalten, durchzuhalten, etwas zu erreichen, ja, ein Versprechen einzulösen, bevor man stirbt. Vielleicht lässt dieser große Wille so alt werden, wie es Schönbeck ist und wie es Schmidt wurde.

Schönbeck weiß, dass es nur noch wenige Meilen sind bis zum Schlaf. Und er geht sie ohne eine Klage.

Ich denke, wenn ich Schönbeck vor mir sehe, auch an Alfred Herrhausen. Der Deutsche-Bank-Chef und der damalige BMW-Aufsichtsrat Schönbeck schätzten sich sehr, fühlten sich verbunden. 1989 wurde Herrhausen von RAF-Terroristen ermordet. Acht Jahre jünger war er als sein Kollege.

Ich denke an Artur Fischer, mit dessen »Fischertechnik«-Bausteinen ich als Kind spielte und der wie Schönbeck mit einem der letzten Flugzeuge den Kessel von Stalingrad verließ. Artur Fischer hatte die Idee zum »Fischer-Dübel«, ließ in seinen Fabriken 15 Millionen Stück pro Tag herstellen. Er wurde 96 Jahre alt und zählte mit mehr als 2000 Patenten und Gebrauchsmustern zu den produktivsten Erfindern der Welt.

Ich denke auch an Wilm Hosenfeld, ein Offizier wie Schönbeck, der 1952 in Kriegsgefangenschaft in Stalingrad starb. Er war ein Held, den die Deutschen vergessen hatten. Fast so wie Oskar Schindler. Auch Wilm Hosenfelds Geschichte brachte erst ein Regisseur aus Hollywood zu Weltruhm. Roman Polanskis

Film »Der Pianist« offenbarte im Jahr 2002, dass jener bis dahin so unbekannte Wehrmachtsoffizier die Hauptfigur des Films gerettet hatte, den Pianisten Władysław Szpilman. Und mit ihm noch andere Polen.

Ich denke an Berthold Beitz, wenn ich Schönbeck auch nicht mit ihm vergleiche. An jenen Magnaten, der 1500 Juden aus den Todeszügen riss. Beitz hatte mir im Jahr 2005 von diesen bis dahin kaum bekannten Taten als erstem Journalisten ausführlich erzählt. Seine Erinnerungen sind in meinem Buch »Jahrhundertzeugen« verewigt.

Schönbeck und Beitz waren beide Persönlichkeiten, die Deutschland in der Zeit des Wirtschaftswunders Vorbild waren und den Menschen Mut gaben, das Land wieder zum Blühen zu bringen.

Ich denke auch an Altbundespräsident Richard von Weizsäcker. Wie Schönbeck hat er erst vor Moskau und dann, wenn auch nicht in, so aber vor Stalingrad gekämpft. Und gegen Ende des Krieges gelangte er, ähnlich wie Schönbeck, in die Nähe der Männer des 20. Juli.

Ich denke an Franz Josef Strauß. Als der damalige bayerische Ministerpräsident mit seinem Privatflugzeug nach Moskau flog und im Kreml Gorbatschow begegnete, fragte der ihn, ob er denn das erste Mal in Russland sei? Da antwortete Strauß: »Nein, das zweite Mal. Das erste Mal kam ich nur bis Stalingrad.«

Seine Tochter Monika Hohlmeier erzählte mir vor ein paar Jahren, was Stalingrad für ihren Vater bedeutet hatte. Dass er oft Zeuge wurde, als hinter und vor seiner Truppe die SS wütete. Er erlebte das sinnlose Massenmorden. Im Frieden erzählte er davon. Ganz besonders, als er ein zweites Mal in seinem Leben in den Abgrund schauen musste.

Als seine Frau Marianne 1984 tödlich verunglückte und Strauß verzweifelt war vor Trauer, schilderte er seiner Tochter und seinen Söhnen wochenlang nicht nur seine Erinnerungen an Marianne, sondern immer wieder auch die schauerlichsten Kriegserlebnisse. Wie er mit einem der letzten Züge aus Stalingrad gefahren wurde, mit erfrorenen Füßen. »Er erzählte davon, weil er sich selbst einreden wollte: ›Ich habe das damals geschafft, ich werde das jetzt auch schaffen!‹«, sagte mir Monika Hohlmeier.

Ich denke jetzt auch an den legendären Außenminister Hans-Dietrich Genscher, der fünf Jahre später auf die Welt kam als Schönbeck. Kurz vor seinem Tod durfte ich ihn zu seinen Kriegserinnerungen interviewen. Auch Genscher war Soldat gewesen, im sogenannten Endkampf um Berlin. Bevor ich zu ihm ging, rief ich Schönbeck an und fragte ihn, was er von Genscher halte. »Viel«, antwortete er damals, »ich schätze ihn sehr. Er ist ein Mann der Freiheit, und Freiheit war auch für mein Leben immer wichtig. Ich bin gespannt, was er Ihnen erzählen wird aus dem Krieg ...«

Die Alpenfestung

Meine letzte »große« militärische Aufgabe war es, dabei zu sein, als man den Sonderzug Hitlers von Berlin nach Berchtesgaden überführte. In einen Tunnel in der Nähe seiner Alpenfestung, dem Berghof auf dem Obersalzberg.

Dieser Zug war randvoll mit Delikatessen und erstklassigem Alkohol. Es war unheimlich zu wissen, dass es für so viele Menschen kaum Brot gab zu essen und wir nun diese Dinge verstauen sollten.

Irgendwo, abgestellt in einem Waldstück, spielte einer der Offiziere auf einem Flügel, der verfrachtet werden sollte. Ausgerechnet die Mondscheinsonate, die ich so liebe. In diesen Augenblicken habe ich das erste Mal für mich allein geweint. Ich hatte es mir bis dahin nicht erlaubt.

In den letzten Kriegstagen erlebte ich dann, wie die Amerikaner das nahe Berchtesgaden bombardierten. Ein bis dahin unversehrtes Herzstück Deutschlands. Ein großer Fliegerangriff war angekündigt. Ich befand mich in der Nähe der Kaserne in Strub, hatte frei und war froh, in diesem Moment keinen Dienst zu haben.

Nun, ich war so ängstlich, wie man eben war. Ich war in einem Tal und warf mich zu Boden. Vielleicht würde ich den Platz heute wiederfinden. Auf jeden Fall duckte ich mich gerade im Sirenengeheul, als im Tiefflug mehrere viermotorige B52-Maschinen auf mich zukamen, sogenannte »fliegende Festungen«. Das war unglaublich furchterregend.

Die flogen ganz dicht um den Watzmann herum, zogen Schleifen und flogen dann noch einmal an. Die Abwehr damals war lächerlich. Sie war in keiner Weise darauf vorbereitet, dass die Bomber in einem derart unvorstellbaren Tiefflug angreifen würden. Das Dröhnen der Motoren höre ich heute noch. Und dann warfen sie ihre Bomben ab.

Ich hatte größte Angst. Aber gleichzeitig spürte ich auch eine Hochachtung vor den Piloten, wie sie mit diesen riesengroßen Fliegern, damals noch mit vier Propellern, um die Berge rumkurvten. Ab da wusste ich: Auch die Amis haben hervorragende Piloten.

Es half überhaupt nichts, dass man das ganze Tal vor dem Obersalzberg zur Tarnung in künstlichen Nebel gehüllt hatte. Alles wurde zerstört. Von Hitlers Residenz blieb nur eine Ruine.

Mein Zugang reichte nicht bis zum Berghof. Zwar habe ich ihn oft gesehen, bin aber nie befugt gewesen, dieses Gelände zu betreten. Das Interessante für mich war das Kehlsteinhaus. Das war imposant. Hitlers Sekretär Bormann ließ es auf der Spitze des Kehlsteins bauen. Es durfte offiziell nur von »unserem heiß geliebten« Führer mit seinen Gästen betreten werden. Schwindelerregend die Fahrt dort hoch auf den in den Berg geschlagenen Serpentinen.

Das letzte Stück ging es dann mit einem pompösen Fahrstuhl hinauf. Ich war dort dreimal zu Lagebesprechungen oder Vorträgen für die Arbeitsstaffel. Der Ausblick von oben war imponierend, und das ist er sicherlich auch heute noch. Aber es war alles sehr nach Hitlers Geschmack eingerichtet mit riesigen Möbeln und einem mannshohen Kamin. Nach dem Motto: Das hier ist Nazi-Deutschland.

In den letzten Kriegstagen war ich in dem Hotel untergebracht, in dem die gesamte Offiziersgarde wohnte. Eigentlich hatte ich dort rangmäßig nichts zu suchen.

Es gab damals aus einem Grund, den ich nicht mehr erinnere, ein großartiges Dinner. Und das in einer Zeit, in der man ja hauptsächlich von Lebensmittelkarten lebte.

Wir hatten den Krieg verloren. Und nun saßen wir Offiziere hier noch einmal zusammen. Wer weiß, wie oft wir uns überhaupt noch einmal sehen würden? Es war nicht als Abschiedsessen geplant. Aber so etwas in der Art war zu spüren.

Zu dieser Zeit wurde ich vom Oberkommando des Heeres herausgelöst und zu einer kleineren Gruppe des Oberkommandos der Wehrmacht abgestellt. Es war nur noch ein Einsatz ohne größere Aufgaben, eben um das Ende abzuwarten.

Mein von mir sehr geschätzter Vorgesetzter war ab diesem Moment Oberst Gerhard Wessel, der später nach General Gehlen auch Präsident des Bundesnachrichtendienstes geworden ist. Gemeinsam wurden wir noch einmal verladen und landeten im Schloss in Mittersill. Das war die letzte Station der Abteilung »Fremde Heere Ost« des Oberkommandos der Wehrmacht, jener Gruppe, die für Spionage und Aufklärung zuständig, jetzt aber nur noch ein trauriges Häufchen war.

In enger Verbindung zu Admiral Dönitz, der nach dem Tod Hitlers einige Tage als Reichskanzler in Flensburg saß, erfuhren wir, dass dieser den Krieg beenden wollte. Am 7. Mai wussten wir bereits, was kommen würde: Morgen wäre der Krieg zu Ende. Jeder von uns bereitete sich innerlich darauf vor.

Wessel sprach mich an und fragte: »Schönbeck, wollen Sie morgen mit mir kommen?« Ich sagte: »Jawohl, Herr Oberst!« »Wir beide gehen dann zusammen in die Berge.« »Jawohl, Herr Oberst!« Ich kannte sein Ziel nicht, aber ich mochte ihn und vertraute ihm. Unabhängig davon, dass er mein Vorgesetzter war.

Wessel und ich hatten einen Fiat 500, einen Topolino. Ich war der Fahrer, und wir fuhren nach Maßgabe von Wessel los. Wessel sagte dann irgendwann, dass wir ab nun mit dem Auto nicht mehr weiterkämen und in die Berge steigen würden. Unseren Topolino versteckten wir im Wald. Damit keiner mehr wegfahren kann, bauten wir sogar den Verteiler aus. Wir haben ihm sogar nachgewunken. Da stand also unser letztes Auto. Wir gingen nun nach einer genauen Generalstabskarte von Wessel in die Berge Richtung Traunstein.

Unterwegs kamen wir zu einem kleinen See, den wir nicht umgehen konnten. So wateten wir in unseren Marschstiefeln durch knietiefes Wasser. Unser Gepäck bestand nur aus einem kleinen Rucksack. Mehr hatten wir nicht. Dann ging es immer höher in die Berge. Wessel kannte das Ziel genau. In den frühen Morgenstunden erreichten wir das erste Jagdhaus, das uns angegeben war. Ein paar Förster und Jäger überließen es uns, um uns zu helfen. Wir fanden dort sogar gute Verpflegung in Büchsen.

Mittlerweile hatte mich Wessel eingeweiht. Mit Gehlen hatte er einen geheimen Treffpunkt ausgemacht. Dort fand ich den ein oder anderen Bekannten aus der Gruppe »Fremde Heere Ost« wieder. Diese hatte Gehlen ausgesucht, um nach dem Krieg wieder zusammenzufinden. Ich wusste nicht, wozu, aber wir sollten eine Gruppe bilden.

Von Anfang an war es gefährlich, da die Amerikaner, aber vor allem französische Truppen in dieser Gegend waren. Sie schickten schwarze Jeeps kreuz und quer durch die Berge und feuerten auf alles, was sich bewegte. Denn in den Bergen saß zu dieser Zeit ja auch die SS aus dem »Führersperrgebiet« Obersalzberg. Vor der hatten wir genauso viel Angst wie vor den Franzosen und Amerikanern.

In dieser Zeit bildeten sich neue Freundschaften. Manche haben bis zum Tod oder sogar bis in die heutige Zeit gehalten. Ich erinnere mich dabei ganz besonders an ein Paar, das später heiratete: Rudolf von Glinsky und Elfriede. Glinsky war auch Oberleutnant. Aber der Reserve. Dazu war er ein ganzes Stück älter als ich. In der Wirtschaft schon erfahren. Er machte mir schon in den ersten Gesprächen viel Mut und sagte: »Dich nehme ich mit, du brauchst keine Angst zu haben, ich bin für dich da. Wenn du magst, dann halte auch du zu mir, und wir schaffen das, wir haben bisher alles geschafft. Egal, ob du das alles kannst oder nicht, das bringe ich dir schon bei.«

Jeder von uns musste turnusmäßig Wache stehen. Dazu mussten wir auf den Gipfel oder mindestens zum Aussichtspunkt in der Nähe unserer Hütte gehen, um von dort zu beobachten, was im Tal geschah.

Eines Tages war ich also dran, Wache zu stehen. Dabei saß ich relativ gut positioniert zu unserer Hütte. In einiger Entfernung, aber doch nah genug dran, um Alarm schlagen zu können. Ich weiß nicht, was mich geritten hat. Auf jeden Fall wurde ich übermütig und wollte zu einer Stelle, von der aus ich noch weiter in das Tal schauen konnte.

Mit meinen Stiefeln rutschte ich 20 bis 30 Meter nach unten. Vor mir fiel es steil ab. Ich wagte nicht, mich zu bewegen. Ich wagte aber auch nicht, um Hilfe zu rufen. Mitten in der Nacht habe ich dann Stimmen gehört. Nun entschloss ich mich und rief um mein Leben. Sie fanden mich. Sie knoteten alle Koppeln zusammen und ließen diese zu mir herunter. Wie fertig ich war, als ich in die Arme meiner Kameraden fiel! Mein erstes Erlebnis in der Freiheit.

Ein Trost

Dieses Buch handelt vom Krieg. Aber noch mehr handelt es vom Trost. Hans-Erdmann Schönbecks Schicksal tröstet.

Wir brauchen Menschen, die gegen jede Wahrscheinlichkeit überleben. Die sich aus der schlimmsten Not befreien. Die sich aus dem Abgrund wieder erheben. Die den Schmerz, auch den größten, aushalten. Sonst wäre unser Leben mit all den »ganz normalen« Schmerzen und Beschwerden noch weniger zu ertragen.

Schönbeck ist so mutig, sich auch zur historischen Wahrheit und zur deutschen Schuld zu bekennen. Ja, er war einer von Millionen, die diesen Krieg begonnen haben. Die das Feuer und schließlich einen Weltenbrand entfacht haben. An dieser Schuld und Verantwortung eines ganzen Volkes, einer Nation, trägt er bis heute. Auch wenn er das Gefühl hatte, dass ihm keine Wahl blieb und er in diesen Krieg ziehen musste, so wie ganze Generationen deutscher Männer. »Ich habe keine Einladung auf Büttenpapier bekommen«, sagt er.

Er tötete Menschen – »um nicht selber getötet zu werden«. Dieser Zwiespalt setzt ihm bis heute zu. Er macht es sich nicht einfach.

Sein Selbstbewusstsein und sein Selbstwertgefühl haben deswegen nicht gelitten. Weil er nicht nur souverän, sondern immer auch demütig ist.

Was Hans-Erdmann Schönbeck erlebt hat, ist beinahe unvorstellbar. Und es wäre auch kaum zu beschreiben, wenn er denn in Stalingrad geblieben wäre, wie so viele Hunderttausende. Aber Schönbeck ist herausgekommen. Deswegen gibt es dieses Buch über ihn. Nicht, weil es traurig und verzweifelt machen will. Sondern ermutigen.

In Gefangenschaft

Nach etwa drei Wochen entschloss sich General Gehlen und so auch unsere Truppe, in Gefangenschaft zu gehen. Wir wurden aufgefordert, unsere Waffen abzulegen und sie zu verstecken. Die meisten von uns hatten nur noch eine Pistole bei sich. Wir verbuddelten unsere Pistolen irgendwo unter Sträuchern. Ich bin nach Jahren noch einmal dorthin gegangen und habe danach gesucht, sie aber nicht mehr gefunden. Es war alles verwachsen und sah ganz anders aus.

Wir wurden zu einer bestimmten Zeit an einen bestimmten Platz unten im Tal befohlen. Mit meinem Kameraden Klaus Ritter bin ich hinunter nach Oberaudorf gegangen. Unweit einer von amerikanischen Soldaten bewachten Schule haben wir ein kleines Viermannzelt aufgebaut. Daneben war ein großes Wirtshaus. Dort sollten auch Leute untergebracht werden, bis sie in die eigentliche Gefangenschaft gebracht wurden.

Als wir am nächsten Tag wach wurden, war unsere Truppe bereits auf Trucks verladen und abgezogen. So waren wir plötzlich wieder allein in der Freiheit. Fast wirkte es wie ein Schwabenstreich, der aber so überhaupt nicht beabsichtigt war. Wir gingen also ganz beschämt zu den Amerikanern in Oberaudorf und meldeten: »Uns haben Sie vergessen.«

Mit einem offenen Truck wurden wir den Kameraden, die uns voraus waren, hinterhergefahren und landeten in Cham in Niederbayern. Dort war eines der großen Kriegsgefangenenlager der Amerikaner. Wir lebten ohne jeglichen Schutz in der freien Natur. Aus der Feldküche bekamen wir aber anständig zu essen. Natürlich richteten wir uns auf etliche Tage ein. Als Erstes reichte man jedem von uns einen Fragebogen: 131 Fragen zur Zeit des Nationalsozialismus und unserem Leben. Die hatten wir zu beantworten. Danach hätten wir vielleicht das große Glück, nach Hause gehen zu dürfen. Aber bis dahin saßen wir in diesem kärglichen Heerlager der Amerikaner.

Schon am zweiten Tag wurde ich aufgerufen. Ich wurde in ein Zelt geführt, in dem ein amerikanischer Oberleutnant in einem schönen Lehnstuhl mehr lag als saß, ganz weit zurückgelehnt und die Beine auf dem Tisch, an dem die Vernehmung stattfinden sollte. Ich hatte ja viel von der Freiheit der Amerikaner gehört. Aber dann diese erste Begegnung gleich so – das war mir doch etwas fremd.

Zum Glück machte ich keine Bemerkung, sondern wartete ab, was von mir erwartet wurde. Dieser junge Mann, in ähnlichem Alter wie ich, ging ganz friedlich mit mir um, kaute auf seinem Kaugummi, bot mir sogar einen an und verhielt sich mir gegenüber ordentlich. Nachdem wir die 131 Fragen durchgegangen waren, hatte er mein Soldbuch vor sich. Ich begann zu schwitzen. Denn korrekt, wie die deutsche Armee nun einmal war, hatte ich alle Eintragungen vom Oberkommando des Heeres und ebenso vom Oberkommando der Wehrmacht darin. Ich konnte also gar nicht gut wegkommen. Alle meine Stationen im Mauerwald und in Berchtesgaden waren sauber aufgelistet.

Nachdem sich der Oberleutnant die zweite Zigarette angezündet hatte, klappte er das Soldbuch zu. Da stellte ich die erste Frage. Nämlich, ob ich mein Soldbuch zurückbekommen könnte. Da lachte er laut und sagte: »Das bekommst du nie wieder. Aber darüber musst du auch nicht traurig sein.« Damit hatte er natürlich recht. Ganz gemütlich, anders kann ich es nicht bezeichnen, sagte er dann: »Also ich glaube, du kannst gehen.«

Ich habe ihn gefragt: »Weg? Raus? Entlassen, oder wie?«

»Ja, ja!«, sagte er. »Schnell!«

Das war sein letztes Wort. Sie können sich gar nicht vorstellen, wie schnell ich gedanklich das Weite gesucht habe. Erst mal einfach weg, nur räumlich wusste ich gar nicht wohin! Nun konnte ich nur mit großer innerer Angst warten, bis irgendetwas passierte.

Wir waren viele. Erst langsam kapierten wir, dass wir tatsächlich entlassen werden sollten. Es dauerte nicht lange, da wurden wir eines Morgens auf Laster verfrachtet. »We go to Munich!« Dort fuhren wir zum Stachus. Bis dahin kannte ich diesen Platz nicht. Rings um uns herum sahen wir nur Schutt und Trümmer und bekamen den Befehl: »Get out!«

Nun stand ich in München und war das erste Mal ein wirklich freier Mann. Was tust du jetzt? Du kennst niemanden in München. Du hast niemanden. Ich bin zur Bahnhofsmission gegangen. Zu meiner großen

Überraschung wurde ich dort freundlich aufgenommen und gut ausgerüstet.

»Was wollen Sie? Tee? Bestimmt sind Sie ausgehungert!« Es waren Rotkreuzschwestern, die sich um mich kümmerten. Da war ich also angekommen in der Stadt, die ich bald schon so sehr lieben sollte und in der ich heute noch lebe. Und ich hätte mir nie vorstellen können, dass ich mich einmal außerhalb von Schlesien zu Hause fühlen könnte. Ich liebe Schlesien heute noch und werde es bis zuletzt lieben.

Heute schaue ich von der Ostseite meiner Wohnung bis zur Frauenkirche. Ich schaue über mein München. Es ist mein München geworden. Was habe ich für unendlich schöne Momente in München erlebt.

Der sanfte Tod

Die Handläufe in den Fluren des Heims sind ganz niedrig an die Wände geschraubt, weil die meisten Bewohner nicht mehr aufrecht gehen können. Schönbeck verlässt seine Wohnung nur noch selten, aber wenn, dann stoßen überall auf den Fluren Lichtschranken die Türen auf.

»Natürlich bin auch ich hierhergekommen, weil es dem Sterben entgegenging, schon vor Jahren. Aber das scheint sich verschoben zu haben«, sagt er mit einem Lächeln. Der Tod, er ist ihm zum zweiten Mal in seinem Leben sehr gegenwärtig in den vergangenen Jahren. Nur auf eine viel sanftere und erträglichere Weise als in der Jugend.

Schönbeck hatte sich damals, beim ersten Mal, oft gottverlassen gefühlt. Und sich dann aber auch wieder gerettet gewähnt vom selben Gott. Sieben Jahrzehnte später spürt er erneut in seinem Leben Gottes Nähe ein wenig deutlicher als all die Jahrzehnte zuvor. Fast so nah wie damals, als das Flugzeug in Stalingrad in seiner Not auf ihn zurollte.

Heute deutet er auf die Rosenstöcke auf seinem Balkon, die schon Knospen tragen, und sagt: »So einfach kann das sein mit dem lieben Gott.« Dann sieht er nach unten auf die Wiese vor dem Heim. Es

Schönbeck auf seinem Balkon im elften Stock seiner Seniorenresidenz

ist noch Winter, aber die ersten Krokusse haben es schon durch den Boden geschafft. Daran erfreut sich Schönbeck. Es sind die 99. Krokusse seines Lebens. Vielmehr die 98. Denn in Stalingrad gab es keine.

Vor ein paar Jahren musste er sich von seiner 99-jährigen Schwester verabschieden, kurz darauf von seiner anderen, auch sie wurde 99. Bis dahin telefonierte er immer gegen fünf Uhr nachmittags mit der Ältesten, in ihren letzten Lebensjahrzehnten fast jeden Tag. Als sie sechs Wochen vor ihrem 100. Geburtstag die Kräfte verließen, schaffte es der Bruder noch an ihr Bett in der Klinik. »Da war sie schon nicht mehr ansprechbar.« Trotzdem redete er ganz leise auf sie ein. »Ich wusste nicht: Lebt sie noch oder ist sie schon gestorben? Aber ich fühlte mich ihr in diesem Augenblick sehr eng verbunden. Und wieder spürte ich diese gewisse Nähe von Gott.«

Die Dämmerung hat sich über die Alpenkette am Horizont gelegt. Gleich kommt die Nacht und wird mit ihrem Schwarz den Himmel mit den Bergen vereinen. Wie bestellt ist der Mond aufgegangen. Jener Mond, der sein Vertrauter war in der bittersten Fremde.

Er will ihm deswegen bis heute nahe sein und hat ein großes Fernrohr auf seine Loggia gestellt, vor sein Schlafzimmerfenster. Weil ihn die Erinnerung oder vielleicht auch nur die Splitter in seiner Schulter heute Nacht sicher nicht ruhig schlafen lassen, wird er sich später nach draußen in die vorfrühlingshafte Nacht setzen. Dort wird er dann durch das Teleskop seinen Blick in den Himmel schweifen lassen. Das hilft ihm immer. Auch wenn es ihm heute im Rollstuhl schwerfällt.

Die Welt um ihn herum wird dann so herrlich klein, er selbst wird es auch. Und mit ihm alles Gestern, das gerade noch gewaltig war. Es liegt wieder weit zurück. Er wird den Mond mit seinem Fernrohr nah zu sich heranholen. So nah, als könne er nach ihm greifen. Es ist der Mond von Stalingrad. Derselbe wie damals. Es ist der Mond von München. Der Mond, der ihn gerettet hat.

Wo ist Gott?

Es gibt Fragen, die Menschen, die wie ich Suchende sind, im Leben nicht erspart bleiben:

Wo ist der liebe Gott? Wie sieht er aus? Wie stellst du ihn dir vor?

Gott ist für mich unerklärbar.

Die Suche nach dem lieben Gott in seiner Erscheinung bleibt jedem Menschen selbst vorbehalten. Jeder Mensch, ob mit der Religion verbunden oder ohne Religion, muss sich seinen lieben Gott selber vorstellen. Ich selber »weiß«, dass er auch in Zukunft und auch nicht mit vielen hintereinander geschalteten Generationen von künstlicher Intelligenz zu finden sein wird. Weil es ihn in der Form, wie wir Menschen ihn uns mit unserem Gehirn denken, einfach nicht gibt.

Ich war oft in meinem Leben in Israel und in Jerusalem. Sämtliche heilige Stätten habe ich mir nicht nur einmal angesehen. Aber ich wäre nie auf den Gedanken gekommen, den lieben Gott in seiner Erscheinung mit einem dieser Orte in Verbindung zu bringen.

Ich suche Gott bis heute. Ich bete auch bis heute.

Für mich ist Gott, mit dem, was er bewirkt, nur in der Natur sichtbar. Hier, aus meiner wunderschönen Wohnung, kann ich weit über die Stadt München, ja bis zu den Bergen schauen. Nun erlebe ich hier schon

Hans-Erdmann Schönbeck und Tim Pröse trafen sich 19-mal für dieses Buch.

zum zwölften Mal, dass der Winter sich verabschiedet. Wenn ich die Regentropfen da draußen an dem Geländer ansehe, dann denke ich: Heute früh, da waren sie noch Schnee. Nun sind es Tropfen. Bald schon verschwinden sie.

Woher kommt all das? Warum dürfen wir all das sehen?

Heute früh, da waren die Bäume und Sträucher voller Raureif. Und wie es immer in diesen Momenten ist, war es eine bildschöne Situation, ganz egal, nach welcher Seite ich aus meiner Wohnung heraus gesehen habe. Und jetzt? Jetzt ist alles wieder fort. Die Straßen sind sauber und vom Regen reingewaschen. Das muss doch von irgendwoher gelenkt sein, um überhaupt möglich zu sein, oder?

Verdammt noch mal, das kommt doch nicht von

alleine. Ich schwebe, was meinen Glauben angeht, also nicht nur in lauter Wolken, sondern ich habe eine Art Anker. Der Anker ist der Glaube an die christliche Kirche, egal ob sie evangelisch oder katholisch ist. Dieser Anker ist schon sehr stark. Aber da ist auch immer wieder dieses Aber. Die Kriege, das Elend der Welt, die Ungerechtigkeit und, und, und ...

Für mich ist Gott in der Natur deshalb so greifbar, weil ich auf dem Land groß geworden bin. Dass die Hühner, die Hunde und die Pferde da waren und sich vermehrten, das war für mich eine Selbstverständlichkeit. Auch wenn ich als Kind nicht gewusst habe, warum es so ist. Aber natürlich bin ich mit all dem, was da wuchs, sehr selbstverständlich aufgewachsen. Von meinem Vater habe ich gelernt, dass sich die Gerste, dann, wenn sie noch ganz klein ist und sich entwickelt, rechts herum dreht, und der Weizen dreht sich links herum.

Näher und eingebundener in die Natur konnte man nicht groß werden. Das alles hat sich natürlich in mir erhalten. Ich wäre sehr, sehr gerne dort in meiner Heimat geblieben und wäre Landwirt geworden.

Eine Ausnahme

Wenn dieses Buch erscheint, werde ich 51 Jahre alt sein. Und Hans Schönbeck 99.

Was das wirklich bedeutet, wird mir erst bewusst, wenn ich es hier aufschreibe. Ich rechne zurück: Als ich 14 Jahre alt wurde, ging mein Gesprächspartner bereits in Pension als BMW-Vertriebschef.

Als ich mit 20 Jahren mein Studium begann, war Schönbeck dabei, auch seine Aufsichtsratsposten Stück um Stück abzugeben und tatsächlich in den Ruhestand zu gehen.

2014 lernte ich ihn kennen, weil ich auf der Suche nach einem Zeitzeugen war für einen Artikel zum 75. Jahrestag des Kriegsbeginns. Ich frage mich heute, wieso es dann noch einmal sieben Jahre lang dauern musste, bis ich auf die Idee kam, dieses Buch über ihn und mit ihm zu schreiben.

Ich glaube, ich ahne erst jetzt, warum: Weil ich schon beim allerersten Anruf froh war, dass er damals ans Telefon ging, als ich seine Nummer wählte. Dass er noch lebte. Dann tastete ich mich vor, und 2016 gewann ich ihn für ein Kapitel meines Buchs »Jahrhundertzeugen«.

Es braucht viel Glück, so alt zu werden. Schönbeck ist ein personifizierter Glücksfall. Allein schon, weil ein Mann, der inmitten einer unvorstellbaren Zahl von jung Umgekommenen überlebte, eine Art Gegenbeweis gegen die Macht des Todes und Krieges ist. Eine Ausnahme.

Beinahe

Wenn jemand zu mir sagt: »Auf Wiedersehen«, dann antworte ich manchmal, nicht immer: »Hoffentlich.«

Als ich vor drei Jahren hier unten im Krankenhaus mit einer Lungenentzündung lag, da wusste ich, dass es ernst um mich steht. Meinen Kindern wollte ich das nicht so zeigen, aber als ich sah, wie sie alle vor meinem Bett standen, wusste ich, dass der Arzt sie benachrichtigt hatte.

Kurze Zeit danach, ich war erst wenige Tage wieder hier in meiner Wohnung, da begann es, dass ich kaum mehr auf meine Beine kam. Vor allem aber hatte ich große Bauchschmerzen. Mein Hausarzt ließ sich das am Telefon erklären. Er sagte dann: »Lieber Herr Schönbeck, das kann ich so nicht beurteilen, aber ich komme.« Es war schon spät am Abend. Er kam. Er tastete meinen Bauch ab.

Er sagte, ich müsse sofort runter ins Krankenhaus, das müsse näher untersucht werden. Ganz gegen meinen Willen. Denn ich hatte meinen kleinen Fluchtkoffer für das Krankenhaus gar nicht gepackt. Ich bestand darauf, dass meine netten Nachbarn benachrichtigt wurden, um hier im Haus der Pflegestation Bescheid zu sagen.

Im Krankenhaus wurde ich dann in diese Röhre geschoben. Man hat mich nach nichts mehr gefragt. Ruckzuck wurde ich in einen Krankenwagen verladen und mir mitgeteilt: »Wir müssen Sie operieren.« Ich merkte auf der Fahrt, dass der Krankenwagen das Martinshorn nicht mehr ausmachte.

Auch liegend konnte ich München sehr gut an den Häuserwänden und Ampeln erkennen. Das hat mir in diesem Augenblick sogar Spaß gemacht.

Dort, im Krankenhaus erfuhr ich, dass ich einen Darmverschluss hatte und nun keinen Moment gezögert werden könne. Die diensthabende Ärztin war meine Rettung. Sie schnitt gleich an der richtigen Stelle, brachte meinen Darm wieder in Form und öffnete ihn.

In den folgenden Tagen wuchs diese Frau mit meiner Familie, meinen Söhnen und meiner Tochter zusammen. Noch nie hatte ich so etwas bisher erlebt. Sie war ein wunderbarer Mensch und einfach sympathisch. Eine tolle Frau! Durch ihre Art und ihre positive Einstellung zum Gesundwerden habe ich es geschafft. Das war nicht ich alleine.

Doch von da an saß ich im Rollstuhl, denn nun schaffte ich es nicht mehr, wieder ganz auf die Beine zu kommen.

Als Nächstes kam der Tag, als ich vom Sessel in den Rollstuhl wollte. Das habe ich nicht geschafft. Mir wurde schwindelig und ich flog der Länge nach hin. Auf die Hüfte und den Kopf. Gott sei Dank fiel ich auf den Teppich. Aber es hat einen dicken Bums gegeben. Ich dachte: Oh, oh. Mein Hausarzt verfrachtete mich wieder ins Krankenhaus. Alles war voll, wir mussten lange suchen. So kam ich dann nach Gräfelfing, was mein alter Wohnort und mir allein deshalb sehr sympathisch war. Dort wurde ich an der Hüfte operiert.

Im Krankenhaus besuchten mich wieder all meine Kinder zusammen. Als ich das Schlimmste überstanden hatte, die Lage aber noch ernst war, fragten sie mich, was ich denn nun gerne haben würde. Schokolade oder ein Stück Kuchen oder ein Eis? – »Nein, nichts davon. Wie immer lieber etwas Anständiges zu trinken.« Und so ist meine Tochter aus dem Krankenhaus losgesaust und hat mir eine gute Flasche Barolo besorgt. Mit einer Pipette hat mir mein Sohn ein paar Tropfen Barolo auf meine Lippen geträufelt. Eine Wohltat! Dann haben sie gelacht, weil ich sagte, das ich ein anständiges Glas haben will!

Ich weiß, dass ein paar Menschen in den vergangenen drei Jahren nicht nur einmal an meinem Bett standen und sagten: »Jetzt geht es zu Ende.« Aber ich habe es jedes Mal nicht mitbekommen, weil ich schlief oder noch halb in der Narkose war. Vielleicht war das gut so.

Seitdem sitze ich unwiderruflich im Rollstuhl. Mein Körper ist einfach zu schwach, um mich zu tragen. Trotzdem: Dass ich noch da bin, ist fast ein Wunder.

Aber ich bleibe auch realistisch. Ich denke: Bald musst du abtreten. Ich habe schon viele Tränen vergossen, habe viel geweint. Auch in dieser Wohnung hier. Wenn ich alleine daran denke, meine Kinder verlassen zu müssen. Ich wäre so gerne noch ein bisschen dabei. Ich habe nun so lange gelebt. Paradoxerweise hilft das aber nicht bei diesen Gedanken zum Abschied. Es bleibt schwer.

Meine Söhne und meine Tochter bemerken das und kommen mir in diesen Gedanken sehr, sehr nahe. Sie stellen mir Fragen. Sie tun das nicht in direkter Form, das würden sie nicht machen.

Ich kann mich sehr schwer trennen. Allerdings nicht um meinetwegen, sondern wegen dieser großen Kinder und meinen wunderbaren Enkeln.

Aber in unseren Unterhaltungen steht dann doch diese eine Frage im Raum, auch wenn sie nicht ausgesprochen wird: Wie wird es sein?

Keine Angst?

Wie wird es sein?

Die Angst vor dem Tod, sie muss ihm sehr vertraut sein. So dachte ich lange. Fast erst am Schluss meiner Treffen frage ich Herrn Schönbeck nach diesem Thema. Weil ich mir denke, dass er ja wissen muss, was wirkliche Angst ist. Ein Soldat im Krieg, so nahm ich an, hat doch ständig Angst um sein Leben.

Schönbeck kennt diese Angst. In den ersten Tagen im Krieg war sie sogar riesengroß. Aber er sagt auch, dass diese Furcht ganz schnell verschwand. »Wenn ich den Moment benennen soll, an dem die Angst plötzlich weg war, dann würde ich sagen: nach meinem ersten Schuss. Als ich zum ersten Mal mit meinem Panzer feuerte. Ich hatte zwar nicht getroffen, aber dieser eine Schuss veränderte etwas in mir.«

Ab diesem Moment fühlte er: Du schaffst das, du kommst da heil wieder raus. Und dieses Gefühl trug ihn während des gesamten Russland-Feldzuges. »Natürlich wurde dieses Zutrauen in jeder neuen Schlacht wieder auf die Probe gestellt. Aber wenn sie vorbei war, dachte ich immer wieder: ›Mensch, Hansi, du kommst wieder nach Hause.‹ In dieser Zeit, als junger Kerl, habe ich eine Stärke entwickelt, die ich sonst in meinem Leben nie mehr gehabt habe. Ich weiß nicht, woher diese Stärke kam. Natürlich habe ich gedacht: vielleicht vom lieben Gott. Ja, vielleicht war das der Glaube. Ein Glaube, der sich in einen Zweifel wandelte, als ich schwer verwundet wurde.«

Es hört sich heute merkwürdig an, wenn Schönbeck versucht zu erklären, wieso ab diesem Moment die große Angst nicht mehr zurückkam. Und zwar fast während des ganzen Krieges nicht mehr. Stattdessen blieb in Schönbeck bis zu dessen Ende dieses Gefühl: »Du kommst wieder nach Hause!« Eine innere Zuversicht, die ihn vielleicht gerettet hat.

Aber wie leicht hätte ihn diese Zuversicht auch in Gefahr bringen können, so denke ich als ein Mann, der nie in den Krieg ziehen musste. Denn an die Stelle der Angst trat das, was einen Krieg vielleicht erst ermöglicht. Das Gefühl: Dich wird es schon nicht treffen!

»Überall, wo man ging und stand, waren ja die Kameraden«, erinnert sich Schönbeck. Diese Massen von jungen Männern, die alle keine Angst zeigen wollten. Und dann das Gefühl von Kameradschaft. Dieses mächtige und verbindende Gefühl, das unter den Nazis so unmenschlich missbraucht wurde. Die Kameradschaft damals löste die Angst auf, ließ sie kleiner werden oder ermöglichte es sie zu verdrängen. Sie sorgte dafür, dass aus ganz normalen Männern gehorsame Soldaten und allzu oft Unmenschen wurden, die in einem erbarmungslosen Vernichtungskrieg kämpften. Genau auf dieses Prinzip setzte die nationalsozialistische Propaganda.

Der Wiederaufbau

Ich wollte nach dem Krieg vorwärtskommen, wie so viele. Mein Hang zu Autos half mir dabei. Ich dachte mir: Auch wenn du von der Technik nichts verstehst, vielleicht kommst du da irgendwie weiter. Ich fasste den Entschluss, mich in der Automobilindustrie zu versuchen, und schmiss dafür 1950 sogar mein Studium der Landwirtschaft in Weihenstephan hin, obwohl ich mein ganzes Leben Sehnsucht nach ihr hatte.

Ich begann bei der VW-Vertretung München und hatte damals die Hoffnung, eines nicht so fernen Tages zum Stammsitz nach Wolfsburg zu kommen.

Der Besitzer, Herr Haberl, galt nach dem Krieg als belastet und durfte eine Zeit lang seinen Betrieb nicht betreten. Seine Frau war daher die eigentliche Chefin. Jedes Jahr erzielte die Vertretung gute Ergebnisse. Sie steigerten sich von Jahr zu Jahr.

Ich wurde Verkaufsleiter. Als der Sohn so weit war, zu übernehmen, war nicht nur Herr Haberl an Krebs gestorben, sondern zwei, drei Jahre nach ihm lag auch seine Frau mit einem schweren Krebsleiden im Sterben. Sie bat mich immer wieder zu ihr, um Bericht zu erstatten, wie ihr Sohn denn so die Geschäfte führe. Schließlich ging es mit ihr zu Ende.

Es war einer ihrer letzten Tage, als ich an ihrem Bett

saß. Sie hielt meine Hand fest umschlossen und bat unter letzten Tränen, dass ich bliebe. Obwohl schon längst feststand, dass ich die Vertretung verlassen würde. Denn ich hatte damals das lang ersehnte Angebot der Auto Union – später Audi – in Ingolstadt schon in der Tasche.

»Gell, Herr Schönbeck. Sie bleiben!?« Sie hat mir das Versprechen dazu abgenommen. Und dabei hat sie meine Hand nicht losgelassen. Diese unglaublich schwierige Szene werde ich nie vergessen. Natürlich habe ich es ihr versprochen, ich wollte sie beruhigen. Sie lag schließlich im Sterben. Diese Frau, die in ihrem Leben so gewachsen war, verdiente meinen ganzen Respekt. Und nun musste ich sie belügen. Das war schlimm. – Auf ihrer Beerdigung durfte ich auf Wunsch der Angestellten die Trauerrede halten.

In Ingolstadt angekommen, stieg ich, der kleine Verkaufsleiter aus München, schnell zum Vertriebschef für Deutschland auf. Das war 1968 und für den Kollegenkreis im Vorstand, in den ich aufrückte, zu keinem Zeitpunkt verständlich. In diesem Moment hatte ich es nicht, aber nachträglich entwickelte ich großes Verständnis dafür. Aus der Sicht dieser Herren, die alle zwischen 50 und 60 waren, war das eine Unmöglichkeit, mich als jungen Schnösel dort dazwischen zu setzen. Sie zweifelten an meinen Fähigkeiten. Ich hatte den Vertrieb ja nicht gelernt, also hatte ich dort nicht zu sitzen.

Aber nach und nach gelang es. Ich setzte mich erfolgreich durch. Wie in den kommenden Positionen auch. Ich erinnere mich heute daran mit einigem Nachdenken und frage mich, warum ich recht schnell von Stufe zu Stufe springen konnte. Ich glaube, es lag daran: Führen mit Menschlichkeit. Das hatte ich im Krieg gelernt, und in Stalingrad wurde es hart auf die Probe gestellt. Aber ich führte meine Kameraden damals und auch die Kollegen nach dem Krieg immer mit viel Menschlichkeit.

Und ich vertrat ein deutsches Symbolprodukt. Ein Auto aus Deutschland galt in jenen Jahren bald schon so viel wie eine Schweizer Uhr, es war ein »deutsches Markenprodukt«. Aus der englischen Warnung »made in Germany« war ein Verkaufsargument geworden. Jedes Mal, wenn ich in ein anderes europäisches Land fuhr und dort Audi vertrat, war mir bewusst, dass ich dort draußen auch ein wenig Botschafter war. Ich wollte gern mithelfen zu beweisen, dass es eben nicht nur »hässliche Deutsche« gibt. Als solche wurden wir damals alle noch bezeichnet.

Nein, ich wollte zeigen, dass es auch viele anständige Deutsche gibt. Zuvorderst, dass ich Anstand habe und ihn immer behalten werde. Ganz besonders in meiner internationalen Tätigkeit bei BMW. Seit Mitte der 1970er-Jahre war ich dort Vorstandsmitglied. Wieder als Vertriebschef. Ich wollte zeigen und deutlich machen: Die Zeit ist anders geworden. Es gibt unsere anständigen Ingenieure noch und auch noch unsere Kaufleute. Wir nutzen unser Know-how nun nicht mehr, um Waffen zu bauen und um zu zerstören, sondern um etwas aufzubauen, das allen gefällt. Das kann ich ganz offen und mit voller Begeisterung sagen. Und auch bei jedem meiner Aufenthalte im Ausland setzte ich in erster Linie auf Menschlichkeit, in der zweiten Linie auf unser Können.

Umso erschreckender war es für unsere Ingenieure, dass die japanischen Autobauer im Produktionsbereich sehr viel schneller geworden waren als wir und sogar schneller als die US-Konkurrenz. Die Konzerne in Japan führten den Weltmarkt in einer Art und Weise an, dass alle anderen Automobilländer zitterten. Das Kanban-System forderte alle Ingenieure heraus. Denn es bedeutete, dass ein Auto in der jeweiligen Klasse sehr viel günstiger auf den Markt gebracht werden konnte als bisher.

Alles was an Ingenieuren Rang und Namen hatte, fuhr in dieser Zeit nach Japan. Auch ich machte mich immer wieder auf den Weg, nun erstmals gemeinsam mit meinem technischen Kollegen. Wir sahen uns diese Kanban-organisierten Fabriken an. Einer unserer japanischen Importeure war gerade in einer Flaute. Und ich arbeitete als Vertriebschef von BMW sehr gerne und sehr eng mit meinem Exportchef zusammen. Ich hatte ihn aus Ingolstadt mit zu BMW gebracht. Er war ein verdammt harter Knochen, ein Kenner der Materie. Und menschlich war er ein guter Könner. Kenner und Könner.

Wir fanden heraus, dass unser Importeur vielleicht verkaufen könnte. Eines Tages legte ich dem Vorstand dann auf den Tisch, was möglich war. Nämlich dass wir in Japan nicht nur den Importeur, sondern dazu auch die gesamte japanische Händlerorganisation kaufen könnten. Mein Finanzkollege rechnete mir vor, dass wir uns das keinesfalls leisten konnten. Doch so leicht bekam man mich nicht klein.

Ich wagte nach ein paar weiteren Reisen nach Tokio

die zweite Vorstandsvorlage. Mit meinen anderen Kollegen, dem Produktionschef und dem Entwicklungschef, hatte ich alles besprochen. Es musste klappen. Zweiter Anlauf also. Puste geholt, und ... Pustekuchen. Wieder fiel ich durch. Wieder war es mein Finanzkollege, der alles stoppte.

Was nun? Ich saß lange mit meinen Bereichsleitern zusammen und mit dem Exportchef und dem Chef für den Kundendienst und die Ersatzteile. Wir entschlossen uns, eine dritte Vorstandsvorlage zu starten.

Nach einer weiteren Niederlage nahm mich der Vorstandsvorsitzende Eberhard von Kuenheim beiseite. Ich nahm vor seinem Schreibtisch Platz. Er schwieg eine Weile. Dann sagte er: »Mensch, Schönbeck, was machen wir denn nun mit Ihnen? So können wir Sie doch nicht weiter bei uns belassen!« Jetzt war ich am Zuge. Ich brauchte ein oder zwei Minuten, um Luft zu holen, und habe dann das Feuerwerk meines Lebens abgebrannt.

Dabei bin ich nicht immer höflich geblieben. Aber ich schoss heraus, was ich nur konnte. Ich rief: »Wir dürfen doch nicht so dörflich bleiben, wie wir sind. Wir müssen ein Stück in die Ferne sehen! Wir müssen Visionäre werden! Was tun wir denn hier in München? Über die Berge gucken!« Ich bin laut geworden, was gar nicht meine Art ist. Aber ich versuchte, meine Überzeugung kundzutun. Und konnte plötzlich nicht mehr. Dann war Stille. Stille zwischen zwei Männern. Für beide war es, glaube ich, fast beängstigend.

Dann sagte der Vorstandsvorsitzende: »Herr Schönbeck, wenn Sie so überzeugt sind, dann werde ich mit meinen Kollegen sprechen, und wir nehmen unsere Entscheidung aus der Vorstandssitzung wieder zurück. Das nehmen wir aber sehr genau ins Protokoll. Wir werden Ihren Vorschlag annehmen. Wir werden nach Japan gehen.«

Ich ging zur Tür. Kuenheim saß noch am Schreibtisch, er musste noch ein paar Unterschriften leisten. Und da sagte er: »Ach, Herr Schönbeck! Wenn es Ihnen nicht gelingt ... ich fände es sehr, sehr schade um Sie.«

BMW wagte es als erstes deutsches Autounternehmen, nach Japan zu gehen – und wurde dort sehr erfolgreich.

Wenn das der wahrscheinlich erfolgreichste Moment meines Lebens war, gab es aber auch einen feierlichsten. Und das war der Augenblick, der sich ereignete im Kölner Dom am 29. August 1956. Ich war damals Student. Und ich bewunderte den Dom, der wie durch ein Wunder stehen geblieben war im bombenzerstörten Köln. Dieses Wunder wurde nun mit allem Glanz und Gloria wiedereröffnet.

Weil ich schon damals gute Beziehungen hatte, organisierte ich drei Autos für eine Exzellenz samt Gefolge. Ich meldete mich als Chauffeur. Und schaffte es so mit in die Kirche hinein.

Sieben Kardinäle kamen aus aller Welt zu uns nach Deutschland. Für mich war es eine solche Erleichterung, dass wir Deutschen wieder besucht wurden von solch hohen Würdenträgern. Und ich durfte dabei sein – als evangelischer Christ.

Von keiner anderen Feier in meinem Leben war

ich so beeindruckt wie von diesem Moment im Kölner Dom. Diese Orgelklänge, die mich bewegten, der Weihrauch, der alles einhüllte, und dann das Sonnenlicht, das durch die im Krieg geretteten Fenster bunt zu Boden fiel! Es war ein kraftvolles Friedenssignal so kurz nach dem Krieg, den wir über die Welt gebracht hatten.

Niemals hätte ich geahnt, dass ich Jahrzehnte später einmal dem Papst begegnen würde. Ganz anders als der Moment im Dom war das Treffen mit Johannes Paul II. erstaunlich entspannt und von einer gelassenen Heiterkeit. Ja, wir haben sogar laut zusammen gelacht. Ich durfte dem Heiligen Vater damals eine unserer 12-Zylinder-Limousinen als Sondermodell für seinen Fuhrpark als Geschenk übergeben und sie ihm persönlich präsentieren. Dazu wurde das Auto mitten in den Vatikanischen Gärten geparkt.

Der Papst hatte wohl gesagt bekommen, dass ich aus München zu ihm komme, und so kam er mit einem »Grüß Gott, Herr Schönbeck« auf mich zu. Es imponierte mir, wie dieser Mann sich für die Selbstbestimmung seines Volkes und auch für Versöhnung zwischen Deutschen und Polen einsetzte. Ich sagte ihm: »Wir in Deutschland sind sehr glücklich darüber.« Er freute sich.

Als er das Auto sah, bedankte er sich und fügte gleich hinzu: »Noch lieber hätte ich ja ein Motorrad bekommen. Als junger Mann in Krakau flitzte ich immer auf einer BMW 500 von Termin zu Termin, das war herrlich.« Ich antwortete: »Heiliger Vater, geben Sie mir zwei Tage, dann steht hier in Ihren Vatikanischen Gärten Ihr Wunsch-Motorrad!« Da meinte er: »Herr Schönbeck, das ist sehr nett von Ihnen. Aber ich darf hier im Vatikan leider gar nichts. Nicht mal Motorrad fahren.« – Freiheit, das war wohl auch ein Papstthema.

Und dann erinnere ich mich noch gerne an den ehemaligen Chef der Deutschen Bank, Alfred Herrhausen. Ich darf sagen, dass wir befreundet waren. Und noch mehr als wir, waren unsere Chauffeure miteinander befreundet. Das ist wichtig, denn so erfährt man sehr viel über den anderen.

Ich hatte lange Jahre einen Brief an Herrhausen aufgehoben. Aber nun, vor ein paar Jahren, da war es an der Zeit, hier in meinem Appartement wieder einmal alles möglichst gut vorzubereiten für den Tag, an dem es so weit ist …

Und da flog dieser Brief in den Papierkorb. Dabei sollte der eigentlich einige Jahre zuvor in den Briefkasten. Aber genau an dem Tag, als ich ihn abschicken wollte, ist Herrhausen ermordet worden. Ich habe diesen Brief lange aufgehoben, immer mal wieder darin gelesen.

Ich wollte ihm mitteilen, dass ich an die Grenze zu den 70 Jahren komme. Und es ist üblich, dann zu sagen: All die Ämter, die ich habe, sei es in Aufsichtsräten oder anderen Gremien, lege ich nun nieder. Unter anderem eben mein Mandat bei der Deutschen Bank. Man wartet nicht, bis einem gesagt wird, man möge doch bitte aufhören. Das tut man nicht.

Die Chemie zwischen uns stimmte. Wir waren im menschlichen Bereich sehr nah beieinander. Er war, so wie ich ihn aus vielen Sitzungen kennen gelernt hatte, ein sehr geradliniger Mensch.

Als er umgebracht wurde, hatte ich auch selber Angst um mein Leben. Denn als Präsident des Deutschen und Europäischen Verbandes der Autoindustrie war ich ein potenzielles Ziel der RAF-Terroristen. Ich wohnte damals in der Repräsentanz in Bad Homburg, ein wunderschönes Haus. Und dies war nur über einen etwa 130 Meter langen Weg durch einen Wald zu erreichen. Eine Strecke, die bestens dafür geeignet war, eine Bombe unter einem Stein zu platzieren.

Mein Fahrer war bewaffnet und entsprechend ausgebildet, mich im Notfall zu verteidigen. Ich selbst hatte damals darum gebeten, das Schießen wieder üben zu dürfen. Ich stand unter Polizeischutz. Das war für mich sehr aufregend.

Ich trug immer eine Pistole bei mir, meist in meiner Hosentasche.

Losgelassen

Hans-Erdmann Schönbeck ist angewiesen auf den Rollstuhl, und er kann seine Wohnung kaum noch verlassen. Und ja, er ist gebeugt vom Alter und geprüft von vielen Krankheiten. Aber seine Freiheit, die liegt bis heute in seinen Gesten, seinem Lächeln, seiner Art zu sprechen. Das, auch das macht es so angenehm, in seiner Nähe zu sein. Weil jeder, der ihn besucht und sich ein bisschen darauf einlässt, seine Freiheit spürt.

Deswegen kommen auch so viele Menschen gerne zu ihm oder rufen ihn an. Während unserer Gespräche haben wir ein Schild mit »Bitte nicht stören« an die Wohnungstür geklebt, weil Schönbeck so viel Besuch bekommt. Sein Telefon läutet Dutzende Male am Tag. Nicht, weil Dringendes geklärt werden müsste. Nein, die meisten, die anrufen, wollen etwas von Schönbecks Zuvorkommenheit, Nonchalance und Humor erleben, sie entfachen oder sich an allem freuen. Ein Telefongespräch mit ihm beglückt. Und seine Kraft überträgt sich.

Deswegen melden sich auch so viele Wegbegleiter: zwei seiner noch lebenden Chauffeure und einige seiner Sekretärinnen. Viele seiner Kollegen und Freunde. Und auch sein ehemaliger Chef bei

BMW, der frühere Vorstandsvorsitzende Eberhard von Kuenheim. Der kommt gern dann und wann zu ihm zu Besuch. Zum Tee.

23 Jahre lang war Kuenheim Vorstandsvorsitzender von BMW. Die beiden verbindet etwas. Vielleicht ihre Wurzeln. Kuenheim kam von einem großen Besitz in Ostpreußen. Sein Vater besaß das größte private Trakehner-Gestüt Deutschlands. Schönbecks Leben auf dem Land war ähnlich. Das hat beide einander nahegebracht.

Es tut beiden immer noch weh, dass ihre Heimat für sie verloren ist. Aber das Gefühl zu ihr ist anders geworden. »Ich habe da ein Stück weit losgelassen«, sagt Schönbeck.

Natürlich sprechen beide auch viel über BMW, wenn sie sich sehen. »Wir üben auch hier und da mal Kritik, sind aber insgesamt zufrieden mit der Verfassung des Unternehmens.«

Es ist also einiges los im elften Stock des Augustinums. Am meisten aber berühren die Anrufe seiner Enkel und seines Großenkels. Wenn die sich melden mit einem zu Herzen gehenden: »Hallo, Großpapa!«

Was ich liebte

Wenn ich heute als fast Hundertjähriger überlege, was das Leben lebenswert macht, dann denke ich natürlich an die Menschen meines Lebens. Meine Kinder. Ich denke an gute Begegnungen mit Freunden, an gute Gespräche. Und dann bin ich schnell bei der Kunst und bei der Musik, bei Museen und Ausstellungen.

Ich verehre Mozart und Chopin und die Klaviersonaten. Die Mondscheinsonate liebe ich besonders. Jazz. Und die Frauen, die ich lieben durfte.

Ich liebe es zu tanzen. Mein ganzes Leben habe ich getanzt, solange ich auf den Beinen war. Mit meinen beiden Ehefrauen bin ich Stammgast auf vielen Bällen gewesen. Und ich habe mir immer Tanzschuhe mitgebracht und sie an der Garderobe deponiert. Wenn es dann am späten Abend immer ausgelassener wurde, zog ich sie an und legte die schönsten Sohlen aufs Parkett.

Das Tanzen fehlt mir heute. Aber ich lebe von den vielen Erinnerungen an diese rauschenden Nächte.

Ich genieße auch das Theater. In Deutschland habe ich deshalb das »Industrie-Theater« eingeführt. Für die großen Konzerne, in denen ich arbeitete, habe ich eigene Theateraufführungen organisiert. Sie wurden so erfolgreich, dass ich bald die besten Schauspieler dafür gewinnen und bezahlen konnte. Nur leider nicht Mario Adorf, den ich sehr bewundere. Er hat mich lebenslang begleitet und begeistert.

Und dann war mir immer die Kunst wichtig. Bei all meinen Reisen um die Welt habe ich jede freie Minute genutzt, um in Museen zu gehen. Etwa 40 Mal musste und durfte ich nach New York reisen und wohnte dort meist um die Ecke vom Museum of Modern Art, dem MoMa. Da war ich oft. Und auch im Guggenheim Museum fühlte ich mich glücklich.

Ja, und dann schwärmte ich natürlich lebenslänglich für den Rennsport. Zu meiner großen Freude gehörte bei BMW der Motorsport zu meinem Ressort. Mir gelang es, so manche Million für die Formel 1 lockerzumachen, ich ging dafür bis an die Schmerzgrenze, und die Kollegen hatten mich deswegen schon sehr auf dem Kieker.

Ich setzte damals alles auf eine Karte: auf Nelson Piquet in seinem Brabham-BMW. Mir war klar: Meine Firma hat so viel Geld in dieses Vorhaben gesteckt, dass alles andere als ein erster Platz am Ende der Saison meinen sicheren Rauswurf bedeutet hätte.

Doch ich hatte Glück. 1983, beim allerletzten Rennen, wurde Piquet tatsächlich Weltmeister. Und ich blieb Vorstand! Meine ganze Anspannung, die ich monatelang verborgen gehalten hatte, entlud sich an diesem Sonntag. Ich hatte einen richtigen Weinkrampf, weil endlich alles von mir abfiel. Ich flennte wie ein Nilpferd.

So weit zu den großen Namen und Orten. Was mir

aber genauso wichtig ist, sind bis heute ganz normale Menschen. Ich hänge an ihnen – und sie an mir. Menschen, die mich treu und herzlich begleiteten im Leben. Wie oft mich einer meiner früheren Chauffeure anruft. Gerade letzte Woche waren wir hier beieinander. Und er wird nächste oder übernächste Woche extra wegen mir wieder nach München kommen, um mich zu besuchen. Dasselbe gilt für die Sekretärinnen, allesamt wunderbare Mitarbeiterinnen. Darunter ganz besonders meine liebe Chefsekretärin.

Wenn man mich fragt, wie man zufrieden wird im Leben, dann sage ich: Indem man ein sehr positives Leben führt und immer wieder versucht, aus dem nicht so Guten, das einem im Leben begegnet, doch noch etwas Gutes zu gestalten.

Das habe ich von meinen Vorfahren gelernt. Es braucht dafür sehr viel Disziplin sich selbst gegenüber.

Wie so viele andere habe ich allerdings in meinen aktiven Jahren gesundheitlichen Raubbau betrieben. Die Zeit raste nur so und ich mit ihr. Aber das brachte auch mit sich, dass ich nichts ausgelassen habe. Sei es zu reisen, gut zu essen, gut zu trinken, zu flirten. Ich habe die schönen Gelegenheiten genossen.

Ich wünschte bloß, ich hätte mir weniger Sorgen gemacht im Leben. Da war ich nicht stark. Bis heute nicht. Und das hat in den vergangenen Jahren noch einmal stark zugenommen. Ich kann Sorgen nur schwer verdauen oder wegstecken.

So mache ich mir auch jetzt oft Sorgen um nahestehende Menschen. Und zeige denen meine Sorge. Besser wäre es, da den Mund zu halten. Aber diese Sorgen drücken mich. Das ist sicher eine schwache Seite von mir.

Wir leben gerade aber auch in einer Welt von Sorgen. Angefangen bei der Pandemie, die uns so lange im Griff hatte, ausgelöst durch das Coronavirus. Dann diese vier Jahre Trump, die glücklicherweise hinter uns liegen, die mich aber vor Aufregung an den Rand gebracht haben. Ich bin der Politik schon immer sehr nahe. Ich habe ja schon gesagt, dass das aus frühester Jugend kommt. Der berühmte Mittagstisch zu Hause. Schon da wurde über Politik gesprochen. Damals habe ich das noch nicht so sehr verstanden. Aber mit jedem Jahr, das ich älter wurde, habe ich es mehr verstanden. So hat sich das in mein Leben eingepflanzt. Von der Politik komme ich nicht los.

Was ist noch im Leben wichtig? Natürlich die Liebe. Sie hat eine riesige Bedeutung. Meine beiden Ehen scheiterten zwar, und ich hatte gewiss eine Schuld daran, aber immerhin hielt die eine 18 Jahre, die andere 23 Jahre. Es war jeweils ein Zusammenleben über lange Zeit. Mit allem, was dazugehört.

Beide Ehen waren zunächst einmal gute Ehen. Sie prägten mich und mein Leben. Das ist überhaupt keine Frage. Unabhängig davon war es für mich traumhaft, als jeweils die Kinder kamen. Von meiner ersten Frau bekam ich unseren Erstgeborenen geschenkt, von meiner zweiten noch einen Sohn und eine Tochter. Mit den Jahren bin ich als Großvater und Urgroßvater zu einem unglaublichen Kleinkindernarr geworden. So sehr, dass es für mein Gegenüber schon fast unerträglich sein muss. Aber ich bin es einfach, und für mich ist das so wunderbar. Die Kleinen sind bei mir die Größten.

Es ging und es geht mir bis heute nach, dass meine Ehen nicht hielten. Eine meiner schwersten Entscheidungen war es, aus meiner ersten Ehe auszusteigen. Denn es war ja ein gehörloses Kind da, unser Sohn. Dennoch habe ich es getan. Mit meiner ersten Frau blieb ich in gutem Kontakt, wir telefonierten immer. Bis sie vor drei Jahren starb.

Auch das Scheitern der zweiten Ehe war für mich eine Niederlage. Ohne Frage, wir lebten drei, vier Jahre in besonderen Spannungen. Wir haben das dann auch sehr bewusst durch eine Urlaubsreise hinbekommen wollen. Und so sind wir beide für zwei Wochen auf die Balearen geflogen. Wir wollten darüber reden, ob es nicht doch ein großer Fehler ist, wenn wir auseinandergehen. Es hat nichts genützt, war nicht erfolgreich. Es war für mich schlimm, dass meine zweite Frau die Initiative ergriffen hatte.

Mit 62 hörte ich bei BMW auf. Als ich mit Ende 60 dann auch meine Aufsichtsratsmandate aufgegeben hatte, verließ mich meine zweite Frau. Sie sagte: »Wir trennen uns.«

Ich hätte mich nun ablenken können, weil ich Angebote hatte, nun noch mal richtig Geld zu machen, so wie andere Kollegen das auch taten. Aber was tat ich? Ich kaufte mir ein Kochbuch, ein ganz dickes. Ich blieb zu Hause und kochte jeden Tag für meine Lieben. Meistens italienisch. Am besten gelang mir meine Tomatensoße.

Meine Tochter und mein jüngster Sohn haben es

mir leicht gemacht in dieser Situation, als meine Frau ging. Sie haben ganz wunderbar gesagt: »Papi, wir bleiben zu Hause.« Das war mein ganzes Glück. Ich hatte mit 70 noch mal ein richtiges Zuhause.

Der zukünftige Schwiegersohn durfte damals auch bei uns wohnen. So hatte ich einen Vier-Personen-Haushalt und habe meinem zukünftigen Schwiegersohn die Unterhemden gewaschen. So weit zu meiner neuen Tätigkeit.

Der Zusammenhalt der Schönbecks ist groß. Bis heute.

Umso mehr nahmen mich die Trennungen von meinen beiden Ehefrauen mit. Vor allem, dass meine zweite Frau von mir ging. Bei meiner ersten Scheidung hatten beide Seiten Schuld daran. Ich leugne das nicht. Trotz allem bin ich bis heute stolz auf meine beiden Frauen.

Mit beiden konnte ich nach der Scheidung ein gutes Verhältnis bewahren. Der Kinder und hauptsächlich der Enkel wegen. Wir sind vor den Enkeln als Paar aufgetreten. Selbst, wenn wir von verschiedenen Seiten kamen. Da bin ich ein bisschen stolz drauf, dass das geklappt hat.

Und natürlich freu ich mich sehr an meinen Kindern. An allen dreien schätze ich ihre Aufrichtigkeit. Die vollkommene Offenheit. Das Gefühl, dass es zwischen uns nichts gibt, was nicht angesprochen werden darf. Selbst wenn wir mitunter sagen: Lass uns da ein andermal drüber reden, der Moment passt gerade nicht. Aber wir wissen: Sie können mit allem zu mir kommen und umgekehrt.

Christian, mein ältestes Kind, ist gehörlos. Niemand kann sich vorstellen, wie einschneidend Gehörlosigkeit ist. Als Kind wusste er nicht einmal, was ist A, was ist I, was ist U? Wie hört sich das an? Wie geht das?

Solch ein Kind steht einem von vornherein nahe. Da war meine erste Frau vorbildlich in ihrer Mühe und dem, was sie für unseren Sohn getan hat. Noch mehr als ich. Wir hatten das Glück, dass sie nicht arbeiten musste und so nur für ihn da sein konnte. Diese Zeit hat sie genutzt, um unserem Sohn das Leben leichter zu machen. Das heißt im konkreten Fall: Sprechen zu lernen, was natürlich irrsinnig schwer ist. Er liest von den Lippen ab.

Ich liebe an ihm seinen großen Fleiß, seinen Einsatz, um seiner Familie, seinen Freunden präsenter zu sein. Das ist ein unglaublich schwerer Akt. Ich bin glücklich, dass er nun, mit 70 Jahren, es schon lange geschafft hat, ganz alleine im Leben zu stehen. Und das so wunderbar.

Mein jüngerer Sohn John ist heute 51. Er ist sehr fröhlich aufgewachsen. John sieht blendend aus. Er ist groß, schlank, sehr durchtrainiert. Er ist unter seinen Freunden unglaublich beliebt und hat viele Freunde. Eine Weile habe ich mit ihm alleine im Haus in Gräfelfing gewohnt. Ich war getrennt, er hatte seine erste große Liebe verloren. Er hat in der damaligen Zeit sehr viel allein in seinem Zimmer auf der Gitarre gespielt. Dazu hat er gesungen. Solch traurige und wunderschöne Lieder ... Ich saß oben in meinem Büro und hab mich halb tot geweint. Diese Zeit hat uns wahnsinnig nahegebracht.

Und dann ist da meine Tochter Nicola. Der Tag ihrer Geburt war einer der schönsten meines Lebens. Ich war damals schon in dieses kleine Kind verliebt, und das ist bis heute so geblieben. Nicola ist schon sehr früh, schon in der Schule, zu einer ernsthaften Persönlichkeit gereift. Sie hat ihr Studium mit summa cum laude abgeschlossen. Sie ist offen und geradeaus. Wenn sie zur Tür reinkommt, dann ist der Raum voll, und ich freue mich daran.

Sein Licht

Die meisten spannenden Persönlichkeiten eint eine innere Gegensätzlichkeit. Ein paar von Schönbecks Kontrasten klangen schon an. Auch dieser hier: Der Mann, der so viele Bekannte, Freunde und geliebte Verwandte hat, lebt sehr gerne für sich alleine.

Er sucht sogar Momente, in denen er sich in eine Einsamkeit zurückziehen kann. »So seltsam das klingt, diese Einsamkeit hat mich geprägt. Und so habe ich später in meinem Leben manches Mal das Alleinsein einer Gemeinschaft vorgezogen. Ich kann nicht sagen, warum das so ist. Aber es hat mich mein Leben lang begleitet. Wo immer ich auch war in meinem Leben, suchte ich gern die Einsamkeit.«

Man kann fast sagen, dass er eine Sehnsucht nach ihr hatte, lebenslang. Und noch etwas hat ihn sein Leben lang begleitet: Die Freude am Licht. Der Leutnant Schönbeck stellte Teelichter in seinen Unterständen auf und ließ es in Erdlöchern leuchten. So tat er es überall im Krieg, immer sorgte er dafür, dass er ein Licht bei sich hatte.

Ein Licht für sein Inneres.

Das ist bis heute so. Wenn man sich in seinem Wohnzimmer umsieht, fällt das so manchem auf:

Die drei Lampen dort beim Sofa, dann noch zwei da drüben an der Kommode und eine am Schreibtisch. Nebenan, im Schlafzimmer, noch mal zwei. Nirgendwo hat er eine Deckenlampe aufgehängt, aber überall stehen seine Lichter. Und meistens brennen die auch alle.

Meine Sterne

Ich liebe meine Lichter. Und meine Sterne. So gern ich mir den Sternenhimmel bis heute anschaue, so sehr habe ich etwas dagegen, dass die Menschen die Sternbilder festgelegt haben. Sie haben sie regelrecht sortiert: Das da ist der Große Wagen, dieses ergibt den Hund, und dort steht der Mars im ersten Haus ...

So sehr ich meinen Hut davor ziehe, dass die Sterne und ihre Konstellationen erforscht worden sind, so sehr verstört es mich, dass der Mensch sie einordnet. Ich möchte, wenn ich zu den Sternen sehe, mir meine eigenen Sternbilder denken. Dabei halte ich mich nicht an die üblichen.

Ich lasse mich immer wieder neu bewegen von den Sternen. Manchmal sitze ich nachts auf meinem Balkon und kann sagen: »Das ist mein Himmel!«

Das Teleskop hat mir mein Schwiegersohn Christian geschenkt, als ich ins Heim zog. Er hatte gemerkt, dass ich sehr bald nach meinem Einzug eine gewisse Traurigkeit mit mir getragen hatte. Wie sie jeder mit sich trägt, der in die letzte Wohnung seines Lebens zieht.

Und so wollte Christian mir eine Freude machen. Ab jetzt konnte ich mein ganz kleines Sternchen suchen, irgendwo da hinten am Himmel. Er wollte, dass ich den Himmel ganz für mich ordnen und zusammensetzen kann.

Bis heute suche ich in schönen wie in schweren Stunden meine Ruhe und mein Gleichgewicht in der Weite des für uns Menschen unbegreiflichen Alls. Ich finde beides bis heute genau dort.

Ich habe die ersten sieben, acht Jahre hier im Augustinum wirklich an fast jedem klarem Nachthimmel nach einem Stern gesucht, den ich gerne einmal finden wollte. Das ist in einer Stadt wie München nicht so einfach. Nicht mit dem klaren Himmel und nicht mit dem ganzen Licht drum herum. Es ist sehr, sehr schwer, überhaupt so einen Stern zu finden. Das kann man sich kaum vorstellen.

Aber dann, wenn ich meinen Stern am Firmament gefunden hatte, bin ich immer wieder glücklich gewesen. Und ich habe diese Millionen anderer Sterne bewundert.

Das All ist für mich ein Wunder und kaum zu erklären. Deswegen kann ich bei allem Respekt für Menschen, die sich damit befassen, auch nicht an die Astrologie glauben. Niemand kann die Zukunft in den Sternen sehen. Man hat doch auch nicht diese große Weltkrankheit, dieses Corona vorher erkannt.

Jedes Mal, wenn ich mein schönes Fernrohr absetze, ist es für mich schwierig, in die richtige Welt zurückzukommen. Ich war so lange mit und bei meinen Sternen. In der unglaublich weiten Sternenwelt, von der wir nicht wissen, wo sie beginnt und wo sie aufhört. Das Firmament verändert sich jeden Tag, aber wir wissen nicht, wie und wohin.

Das alles nimmt mich so in seine Gewalt, dass ich früher manchmal mitten in Nacht auf meinem Balkon saß und viel zu spät bemerkte, dass ich ja längst ins Bett gehörte.

Je häufiger ich den Himmel so betrachte, desto trauriger lässt mich aber auch die Einsicht werden, wie klein ich in Wirklichkeit bin. Ich erkenne jetzt, wie unendlich winzig wir Menschen sind. Und ich sehe auch ein, wie schwer es für die Menschen unter diesen Sternen ist, Tag um Tag die richtigen Entscheidungen zu treffen. Ich denke da vor allem an die Politiker auf dieser Erde.

Ich stimme bestimmt nicht in den Chor derer ein, die gerade jetzt in der Pandemie geneigt sind, jede Entscheidung der Politik zu kritisieren. Aber mir ist bewusst, wie wahnsinnig schwierig es für unsere Politiker ist, die richtige Richtung für ihr jeweiliges Vaterland zu finden.

Ich hätte einen Vorschlag für die Regierenden. Gerade, weil ich die Entfernung und die Weite da oben am Himmel so sehr schätze und erfahren habe, wie sie alles relativiert, wäre mein Rat: Schaut mindestens einmal am Tag weit, weit, so richtig weit in die Sterne. Und dann entscheidet.

Entscheidungen

Entscheidet«. Wenn Schönbeck dieses Wort benutzt, spricht er es fester und klarer aus als manch andere seiner Worte. Vielleicht klingt er dabei so, wie sich der jüngere Schönbeck angehört haben mag. Er, der ein Leben lang ein Entscheider gewesen war, als man diese Männer noch nicht so nannte.

Es mag drei Jahrzehnte her sein, dass er seine letzten großen Entscheidungen getroffen hat, damals, als er noch in Aufsichtsräten saß. Aber bis heute hat sich seine Art, Entscheidungen zu fällen und sie durchzusetzen, erhalten.

Da ist immer diese Disziplin und ja, auch Entschlossenheit, seine Gedanken wiederzugeben. Eine gewisse Geschäftsmäßigkeit auch. Sie half uns bei unseren Interviews für dieses Buch. Kein einziges Mal geriet er ins Plaudern, driftete ab in seinen Gedanken oder wurde gar ungefähr. Ich sah den Topmanager in dem alten Herrn vor mir.

Jedes Mal hatte er sich auf das, was wir besprechen wollten, auf jene Zeitabschnitte und Ereignisse, bestens vorbereitet. Nach ihnen geschürft in seinem Gedächtnis.

Nachts konnte er manchmal nicht gut schlafen,

Schönbeck in seiner Zeit als Manager

weil seine Erinnerungen so jäh wieder zurückkamen. Aber lange ließ er sich nicht von ihnen erschrecken oder ängstigen. Stattdessen ordnete er sie im Geiste und sortierte sie. Um sie dann tags darauf vorzutragen.

Und auch, um sich von dem, was ihn nachts noch einmal gefangen genommen hatte, wieder ein wenig zu befreien. Um das, was immer noch schwer wiegt, Wort um Wort ein bisschen loszulassen. Weil Erinnern erleichtert.

Schnee auf Bäumen

Manchmal schaue ich von meinem Küchenfenster hinüber zum BMW-Tower. Und ich denke dann an meine jungen Nachfolger, die alle nur noch auf Erfolg getrimmt sind. Und auch auf eine gewisse Härte.

Mein Stil und meine Art wären dort heute, obwohl ich mich immer noch verbunden fühle mit der Firma und auch ihrer Führung, nicht mehr angebracht. Ich würde dort wohl als zu weich und zu menschlich scheitern. Wir Alten hatten das Glück, in einer ganz anderen Zeit arbeiten zu dürfen.

Vor zehn, fünfzehn Jahren ist es losgegangen mit dieser Härte und diesem Druck in den großen Konzernen. Die Menschlichkeit ist spätestens damals liegen geblieben, die gibt es nicht mehr. Es wird heute in einer derartig ruppigen Art verhandelt, das gab es früher nicht. Ich durfte in einer Zeit für das Unternehmen arbeiten, da hat das Verhandeln noch Freude bereitet.

Als ich damals in der Welt unterwegs war, wusste ich ganz genau, dass mein Stuhl in der Firma nicht wackelt. Heute kann man sich da nicht mehr sicher sein. Und das hängt mit dem Verlust der Menschlichkeit zusammen.

Loszulassen von der Macht fiel uns deswegen früher auch nicht so schwer, eben weil wir viel mehr den

Blick für alles Menschliche hatten. Ich wusste etwa, dass meine Zeit bei BMW normalerweise mit 60 endet. Ich blieb bis 62. Danach wurde ich noch in den Aufsichtsrat berufen.

Ich konnte wunderbar loslassen, als es so weit war. Und ich halte und hielt es immer für Kokolores, wenn andere sagten: Ach Gott, jetzt habe ich keinen Chauffeur mehr. Der hat mir doch auch immer den Rasen gemäht. Alles Quatsch.

Ich kam deswegen mit meinem neuen Leben nach der Macht vom ersten Tag an gut klar. Ich bin Realist und freute mich darauf, mehr zu Hause zu sein. Für die Kinder.

Wenn ich mich an die Zeit als Präsident des Deutschen und Europäischen Automobilverbandes in den 80er-Jahren erinnere, dann sehe ich dieses wunderbare Anwesen vor mir, in das ich damals zog.

Mancher Botschafter hätte sich gewünscht, eine solche Repräsentanz zu haben, wie ich sie damals bekam in Bad Homburg. Das Haus hatte Geschichte: Es war der zeitweilige Sitz von General Eisenhower, der den D-Day in der Normandie befehligt hatte und nach dem Krieg sogar Präsident der USA wurde. Er wohnte nach dem Kriegsende dort und schwärmte von der guten Kurluft in seinen Memoiren. So konnte man immer einiges über das Haus erzählen.

Alles war noch so eingerichtet wie vor dem Krieg. Das habe ich sofort geändert.

Morgens brachte mich mein Chauffeur in ein Bürohaus in Frankfurt. Für mich arbeiteten drei Geschäftsführer – einer für die Politik, einer für Technik und

Schönbeck als Präsident des Deutschen und Europäischen Automobilverbands

einer für die Gruppe der Sonderfahrzeuge in der Automobilindustrie.

In meiner Residenz traf man sich regelmäßig zu den Vorstandssitzungen. Da kamen stets 18 Personen aus den verschiedenen Bereichen unserer Industrie zusammen. Bei meinem Vorgänger wurden noch Schnittchen und lieblicher Moselwein gereicht, ich hatte das abgeschafft und stattdessen immer eine festlich gedeckte Tafel.

Für den riesigen Park bekam ich zwei Gärtner zugeteilt. Die haben dort Beete angelegt wie vor dem Capitol. In verschiedensten Farben, immer blühte irgendetwas. Es gab dort einen Teich, der von Gänsen angeflogen wurde. Meine Vorgänger hatten deswegen in diesen Teich ein Gänsehaus bauen lassen. Das hatte ich so zuvor auch noch nicht gesehen. Sehr hübsch, mit einem roten Dach.

Am Vorabend der Eröffnung der Internationalen Automobil-Ausstellung gab es immer einen Empfang für die angereiste Spitze der internationalen Automobilindustrie. Was glauben Sie, was ich dort erreichen konnte? Die Agnellis, berühmte Industrielle aus Italien, kamen. Und aus England reiste der Wirtschaftsminister an. Unglaublich: Nach nicht einmal einem halben Jahr im Amt sprachen mich zwei Herren aus dem Vorstand darauf an. »Menschenskind, wie haben Sie das so schnell hinbekommen, unseren Verband derart zu entstauben?« Das war für mich ein deutliches Zeichen: Du bist auf dem richtigen Weg.

Was mir aber wirklich wichtig war und wofür ich all meine Anstrengungen und sehr viel Ehrgeiz in meine Arbeit legte, das war die Durchsetzung des Katalysators in Deutschland und Europa. Anderthalb Jahre kämpfte ich dafür und war erfolgreich. Ich habe dafür das Bundesverdienstkreuz bekommen. Es war die Zeit, in der die Automobilindustrie das erste Mal etwas Großes für den Umweltschutz getan hat.

Mindestens ebenso schwierig wie die Verhandlungen für den Katalysator waren jene mit der Mineralölindustrie. Denn das verbleite Benzin musste ja Schritt um Schritt verboten werden. Für die Ölkonzerne war die Umstellung fast noch teurer als für die Autoindustrie.

Wir mussten den Motor neu konstruieren, und die

Industrie musste aus dem Rohöl ein ganz anderes Produkt herstellen. Dann mussten auch die Tankstellen umgerüstet werden. Das wurde alles zusammen unglaublich teuer. Es ging in die Milliarden. Aber ich leistete Überzeugungsarbeit, nicht nur in Deutschland, sondern als Präsident des Europäischen Automobilverbands in der ganzen EU.

Es war sehr schwer, alle davon zu überzeugen, dass diese Schritte nötig sind. Es war die Zeit des Waldsterbens. Um das jedem vor Augen zu führen, hatte sich mein erster Geschäftsführer etwas Tolles ausgedacht. Es sollte im damals schwer angegriffenen Schwarzwald ein Treffen geben. Wir hatten also einen schönen Empfangsabend und wollten am nächsten Morgen aufbrechen in den Wald. Und dann hatte es in der Nacht durchgeschneit! Alle Bäume, auch die kranken, waren von 20 Zentimeter Neuschnee bedeckt. Statt Waldsterben hätten meine Gäste aus ganz Europa, die ich für unsere Sache gewinnen wollte, auf eine Winteridylle geschaut.

Wir haben dann in Windeseile alle unsere Verbindungen genutzt und einen großen Hubschrauber organisiert. Der flog ganz dicht über die Bäume und pustete den Schnee von den Ästen. Erst dann haben wir unsere Tour gestartet. Meine Kollegen wurden überzeugt, denn dort, wo ich sie hinführte, sah es wirklich schlimm aus.

Ich war schon immer sehr umweltfreundlich. Ein Landwirt vom alten Schlag eben.

Manchmal verfügt solch ein Landwirt auch über eine gewisse Hemdsärmeligkeit, sogar bei großen Entscheidungen. Ich erinnere mich an eine BMW-Aufsichtsratssitzung. Auf der einen Seite der gesamte Betriebsrat, auf der anderen Seite die Arbeitgeber. Beschlussfassung über den Bau einer neuen Fabrik in Regensburg. Alles war sehr gut vorbereitet, trotzdem ging es hin und her. Aber der Beschluss fiel! Wir bauen die Fabrik, wir brauchen sie.

Dann, Schluss der Sitzung. Der Aufsichtsratsvorsitzende Herbert Quandt bat mich zu sich. »Herr Schönbeck, wir haben hier eben den Beschluss gefasst, für viele Millionen diese Fabrik zu bauen. Sagen Sie mal, können Sie überhaupt so viele Autos verkaufen? Haben wir das richtig gemacht? Ich will Sie nur daran erinnern, dass Sie auch zugestimmt haben.«

Daraufhin sagte ich zu Quandt, der Gott sei Dank Humor hatte: »Es gibt so viele reiche Leute auf der Welt. Die werden wir finden.« Und wir haben sie gefunden. Dann versprach ich Quandt, dass wir die Verkäufe innerhalb von drei Jahren weiter steigern würden. Das konnte ich leicht, weil ich wusste, dass es zu schaffen war. Es hat funktioniert.

Um als Vertriebschef erfolgreich zu sein, braucht man vor allem Zeit. Sehr viel Zeit. Dann eine sehr große Offenheit für die technischen Kollegen. Geschicklichkeit dem Finanzchef gegenüber, der im Vorstand fast wie ein Feind ist – das muss er sein. Dann sollte man ein dickes Fell haben gegenüber der Presse, aber gleichzeitig auch Geschick im Umgang mit ihr. Pressearbeit hat mir immer großen Spaß gemacht.

Und ich wollte immer korrekt auftreten. Ich hatte für mich selbst eigentlich nur vier Anzüge gehabt. Flanell, hell. Sehr hell, einen grauen und einen in Tiefgrau. Für jeden Anzug zwei Hosen. Flanell beult ja so schnell aus. Für alle meine Reisen habe ich meine Koffer selbst gepackt. Ich hatte immer anständige Hemden, hab sie mir machen lassen. Auch die Anzüge habe ich mir in Schwabing schneidern lassen. Und ich hatte immer eine passende Weste zu Hemd und Anzug.

Ich hatte ein wunderbares Büro, den schönsten Arbeitsplatz der Welt. Das lag an diesem Blick hinunter auf die Stadt. Diese wunderbare Stadt! Mein München.

Wenn ich morgens ins Büro kam – ich war stets ausgesprochen pünktlich, so wie ich das auch von anderen erwarte –, waberte im Herbst und im Frühjahr noch Nebel rund um den Turm. Ein Nebel, der sich ganz langsam auflöste. Sodass ich zuschauen konnte. Die Stadt lag verschwommen zu meinen Füßen, wie in einem alten, holländischen Gemälde. Aber man konnte ihre Umrisse schon erkennen. Und aus dieser Stadt ragte einzig und allein in etwa 500 Meter Entfernung der Olympiaturm heraus.

Manchmal kam ein Schwan und flog um den Turm herum, immer tiefer. Er konnte aber nicht landen, weil er nichts sah. Und flog so lange um den Turm, bis sich der Nebel lichtete. Dann auf einmal ging er nach unten und landete auf dem Teich des Olympiaparks.

Wenn Sie so etwas sehen, sind Sie glücklich.

Diese Aussicht hat mir immer geholfen. Selbst die schwierigsten Gäste weiteten ihr Gemüt bei diesem Anblick. »Der Ästhet«, sagten meine Kollegen.

Die Gegenwart der Vergangenheit

An einem unserer letzten Interview-Tage holt uns die Vergangenheit mitten in den Nachrichten ein. Wir schalten den Fernseher ein und sehen die furchtbaren Bilder aus Afghanistan. Es ist Mitte August, und die Taliban stehen kurz davor, den Flughafen der Hauptstadt Kabul einzunehmen.

Wir sehen, wie verzweifelte Menschen hinter den Transportflugzeugen der US-Airforce herrennen, die Hunderte aus Afghanistan hinausfliegen. Diese Menschen auf dem Rollfeld laufen um ihr Leben, sie wollen sich aus der tödlichen Falle befreien. Sie wissen, wenn sie den Taliban in die Hände fallen, sind sie verloren.

Wir sehen Bilder, wie Menschen, die keinen Platz in den Maschinen gefunden haben, versuchen, sich am Rumpf und an den Fahrwerken der Flieger festzukrallen. Und wir sehen Videos, die zeigen, wie Menschen, die vergeblich Halt suchten, von den gestarteten Flugzeugen wieder hinabfallen auf die Erde.

Wie damals in Stalingrad, als Menschen vom Himmel fielen.

Die Gegenwart der Vergangenheit, sie ist groß an manchen Tagen. Und in unseren Zeiten.

Hans im Glück

Ein Hans im Glück, das war ich trotz allen Unglücks erstaunlich oft. Das Glück hat mich mein ganzes Leben lang begleitet. Obwohl ich merkwürdigerweise fast nie im Leben einfach nur »Hans« genannt wurde, sondern immer »Hans-Erdmann«. Oder, von meiner ersten Frau, »Hansi«. Sie hat mich zum »Hansi« gemacht. Bis heute bin ich es für meine Lieben, für meine Familie. Aber je älter ich werde, desto eher sagen auch Freunde wieder »Hans-Erdmann« zu mir.

Wenn ich mich an ganz besondere Glücksmomente erinnern soll, dann lande ich in dem Moment, als mein Vater mich aus den Fängen der SS befreit hatte. Auch wenn ich es damals in meinem jugendlichen Leichtsinn nicht verstand – das war in meinem Leben der erste ganz glückliche Moment.

Zwischen meinem 13. und meinem 25. Lebensjahr habe ich die Diktatur der Nationalsozialisten erlebt und durchlebt. Das ist genau jene Zeit, in der man sich am deutlichsten entwickelt, in der man zu dem Menschen wird, der man sein Leben lang ist. Man ist aufnahmefähig, man revoltiert in dieser Zeit. All das durfte ich nicht. Nicht einmal mit meinen Eltern durfte ich offen sprechen. Diese Fesseln der Diktatur sind mir auch heute noch derart präsent, dass ich es kaum beschreiben kann. Die Schwere, die aus der fehlenden Freiheit folgte, habe ich erst hinterher vollends begriffen. Gespürt habe ich die Last der Diktatur natürlich schon vorher.

Ich musste die Freiheit, die man als junger Mensch normalerweise in sich aufsaugt und förmlich mit jedem Atemzug einatmet, nach dem Krieg erst wieder erlernen. Ich wollte sie zurückgewinnen, sie wie damals als Junge wieder leben. So sehr ich mir die Freiheit erst wieder aneignen musste, so stark und beständig ist sie seitdem in mir geblieben. Als ein Gefühl und eine Lebenseinstellung. Vor allem aber als Wille. Ich will frei sein.

Gerade jetzt, in der Pandemie, während wir für dieses Buch zusammensitzen, klagen viele, dass sie angeblich nicht frei seien. Sogar hier in Mitteleuropa, sogar viele junge Menschen. Sie haben den Begriff der Freiheit leider überhaupt nicht verstanden. Wenn Menschen nicht erkennen, wie frei sie heute sind, wie reich beschenkt sie sind von umfassender Freiheit, dann sind sie in meinen Augen sehr arm.

Erst recht nicht frei sind jene bekannten und unbekannten Bewegungen, die die Zeit der Pandemie ausnutzen, um die Freiheit zu untergraben und verquere, fast schon terroristische Gedanken salonfähig zu machen. Das halte ich für außerordentlich gefährlich.

Mich macht meine Freiheit heute noch stärker. Ich muss von nichts und niemandem in meinem Freiheitsbegriff motiviert werden. Er ist in mir unglaublich tief verhaftet.

Frei hat mich vor allem der Tod Hitlers und der Zusammenbruch des Nationalsozialismus werden lassen. Ich sehe mich damals in den Berchtesgadener Bergen. Als mich dort die Nachricht erreichte, fiel mir eine ungeheure Last von den Schultern. Und ich selbst lebte noch.

Aber wenn wir über Glücksmomente reden, dürfen wir sie nicht nur mit dem Krieg in Verbindung bringen, das wäre ja allein schon dem Wort gegenüber unwürdig. Ich denke an die vielen glücklichen Tage mit meiner Familie, besonders die Feste zu großen Geburtstagen.

Auch später gab es wichtige Glücksmomente. Gerade auch in der Zeit meines Lebens in der freien Wirtschaft: Zum Beispiel bei VW und Audi. Für mich war klar, dass ich die VW-Vertretung in München verlassen und nach Wolfsburg wechseln würde. Doch als ich gerade meinen Wechsel besprach, kam der Vorstandsvorsitzende und bot mir den Posten als Verkaufschef Inland an. Von dort aus ging es nach nur einem Jahr in den Vorstand. Auch das war Glück.

Das alles ist gemeint …

Hans-Erdmann Schönbeck ist jemand, der Worten, die ihm etwas bedeuten, einen Nachhall verleiht, wenn er sie ausspricht. Sicher tat er das in jüngeren Jahren mit einem festeren Halt in seiner Stimme, und doch gelingt es ihm noch heute.

Niemals würde er ein Wort wie »Freiheit« einfach en passant benutzen. Nein, immer klingt etwas Festliches in seiner Stimme, wenn er dieses Wort wählt. Er hält dann kurz inne, bevor er das Wort ausspricht. Und auch danach. Es ist sein Lieblingswort und eines der Schlüsselwörter seines Lebens und dieses Buches.

Als Schönbeck elf Jahre alt war, nahm Adolf Hitler ihm die Freiheit. Natürlich spürte er das damals, im Jahr 1933, noch nicht, sehr wohl aber ein paar Jahre später, als in ihm, wie in so vielen jungen Menschen, die Sehnsucht nach ihr aufkeimte. »Die jungen Menschen von heute haben doch zumeist gar keine Ahnung, was es bedeutet, in einer Diktatur aufzuwachsen.«

Dennoch hatte Schönbeck sich schon zu jener Zeit eine innere Freiheit bewahrt. Bei ihm muss ich manches Mal an die Worte denken, die oft Albert Schweitzer zugeschrieben werden, die aber von Dean Alfange kommen:

Ich wünsche mir Chancen, nicht Sicherheiten.
Ich will kein ausgehaltener Bürger sein,
gedemütigt und abgestumpft,
weil der Staat für mich sorgt.
Ich will dem Risiko begegnen, mich
nach etwas sehnen und es verwirklichen,
Schiffbruch erleiden und Erfolg haben.
…
Ich habe gelernt, selbst für mich zu denken
und zu handeln, der Welt gerade ins Gesicht
zu sehen und zu bekennen:
Dies ist mein Werk!
Das alles ist gemeint, wenn ich sage:
Ich bin ein freier Mensch.

Ein solcher blieb Schönbeck, auch als er seine Selbstbestimmtheit weitgehend aufgeben musste, als er ins Heim zog. Weil er zwar seine äußere Freiheit eintauschte gegen die Sicherheit und Fürsorge, die solch ein neues Zuhause bietet. Doch nahm seine innere Freiheit keinen Schaden.

Der Vilsmaier-Film

Dass Joseph Vilsmaier einen Film über Stalingrad drehen wollte, las ich Anfang der 1990er-Jahre in der Münchner Abendzeitung. Ich rief ihn an. Er gab mir wenig später das Drehbuch zu lesen und engagierte mich prompt als militärischen Berater.

Er rief alle Schauspieler und Mitwirkende zusammen, ich sollte meine Meinung zu diesem Stoff sagen. Ich hob an: »Meine Damen und Herren, wir kennen uns nicht. Auch möchte ich Ihnen und Herrn Vilsmaier nicht zu nahetreten. Aber ich rate Ihnen eins: Schmeißen Sie das Drehbuch weg!«

Der Chef der Bavaria Filmstudios kam zu mir und sagte: »Herr Schönbeck, ich muss Ihnen mal was erklären. Ich verstehe, dass Ihnen so einiges missfällt und fehlt bei diesem Projekt. Weil Sie es eben selbst erlebt haben. Ich glaube Ihnen das auch. Aber wir können nicht alles reinnehmen. Wir brauchen Höhepunkte. Das machen die Filmleute. Da muss eine entsprechende Dramatik hineinkommen. Das dürfen Sie uns nicht wegnehmen, Herr Schönbeck.« Aber ich blieb standhaft.

Ich freute mich auf die Dreharbeiten, hatte aber auch ein mulmiges Gefühl. Was würde mich wohl alles erinnern an den Krieg? Als ich in Prag ankam im Hotel, traf ich wieder auf die Schauspieler. Alle waren bereits in ihren Wehrmachtsuniform-Kostümen, und einige fläzten sich dort in der herrlichen Lobby herum, sie lachten und lümmelten vor sich hin. Mit den Füßen auf dem Tisch! Ich war schockiert und zornig. So konnten wir uns als Deutsche doch nicht an einem Ort benehmen, den wir damals überrannt hatten. Es fehlte die Demut. Ich ging sofort zu Vilsmaier: »Sepp, da bekommst du mich nicht hin. Das mache ich nicht!«

Ich bin dann doch geblieben, weil Vilsmaier mich bat und erkannte: »Hansi, ich habe schon festgestellt, wie du auf die Schauspieler zugehst und ihnen Respekt nahebringst, das ist genau so richtig. Mach das bitte weiter so. Ich werde denen sagen, dass sie auf dich hören sollen. Dann packst du sie, und ich bekomme sie für die Rollen richtig.«

Das hat zuerst weniger gut geklappt. Nach einigen Tagen fanden wir aber gut zueinander. Die Schauspieler konnten sich immer mehr hineinversetzen in diese Zeit und spielten ihre Rollen mit Bravour. Vor allem Thomas Kretschmann, dessen Rolle ja fast meine Person war, imponierte mir, wie er sich als Leutnant immer weiter abwandte von Kadavergehorsam und Ideologie.

Nach ihm lernte ich Dominique Horwitz kennen, der den Obergefreiten Fritz Reiser spielte. Auch ein toller Künstler. Er war der Netteste und Zugänglichste. Ich wusste damals nicht, dass er jüdische Wurzeln hat. Wie gerne hätte ich mit ihm darüber gesprochen. Denn wie schwer musste das für ihn gewesen sein, eine Wehrmachtsuniform anzuziehen.

Dominique Horwitz (l.) und Schauspielkollegen in Vilsmaiers »Stalingrad«-Film

Zu Beginn der Dreharbeiten waren noch ein General und ein Major der Bundeswehr als Berater dabei. Die beiden waren ganz penibel. Da saß dann mal ein Käppi nicht richtig, oder der Kragenknopf war nicht zu. Da wurde die Uniform gerichtet. Aber die haben nicht mit den Jungs gesprochen. Der Sepp Vilsmaier hat dann die beiden Offiziere nicht mehr dazu geholt. Der hat ihnen gesagt: Der Schönbeck macht das jetzt alleine.

Ich sagte den Schauspielern, dass ich nicht als Besserwisser angetreten sei. Sondern, dass ich ihnen nahebringen möchte, was ich erlebt hatte.

Zwei oder drei Nachtszenen spielten in einem Traktorenwerk in Prag. Das war fast identisch zu dem, was ich in Stalingrad gesehen hatte. Hier kam ich nun dazu. Die fanden das auch ganz prima, dass ich die ganze Nacht dabei war. Und da wurden wir schnell warm miteinander, die Männer öffneten sich mir gegenüber und nahmen immer mehr an, was ich ihnen sagen wollte. Am meisten freute mich, dass Thomas Kretschmann, der mir zu Beginn so schroff begegnet war, nun meine Gedanken verstehen konnte.

Auch bei den Winter-Drehs in Finnland war ich dabei und konnte ganz gut umgehen mit meinen Erinnerungen an diese Zeit. Bis dann eines Drehtags ein originaler T34-Panzer der Russen eingesetzt wurde. Das Geräusch seines Motors und seiner Ketten ließ mich erschaudern.

Der Film zeigt die Geschichte von sieben Jungs. Das hatte sich der Vilsmaier recht gut überlegt. Was aber fehlte, das war eine annähernde Vorstellung von der Masse der Männer, die dort hungerten und froren. Das gab der Film nicht wieder – konnte er auch nicht.

Und so hatte ich meine Zweifel, als er herauskam. Heute aber finde ich den Film gelungen. Als er uraufgeführt wurde, habe ich einen Fehler begangen. Ich habe meine Kinder mitgenommen. Hinterher hatte ich einen Tisch im Hotel »Königshof« bestellt, einen schönen Platz am Fenster in einem der besten Restaurants in München. Ich hatte aber eines nicht bedacht. Meine Jungs sagten nämlich: »Mensch Papi, du hättest doch wirklich hier und da mal mehr erzählen können, was du durchgemacht hast. Bei dir war es immer nur irgendeine lustige Geschichte. Und das war es eigentlich für uns.« Meine Tochter war ergriffen, die Tränen liefen. So war der Abend im Königshof ein trauriger, und wir gingen bald nach Hause. Da hatte ich was falsch gemacht.

Dank an den Retter

Im Abspann des Vilsmaier-Films erschien auch Schönbecks Name. Und so kam es, dass kurz nach der Premiere eine fremde Frau bei ihm anrief. Ob er denn der Hans-Erdmann Schönbeck sei, der damals in diesem Erdloch in Stalingrad gelegen habe? Als Schönbeck das bejahte, versagte der Frau zuerst die Stimme. Dann erzählte sie von ihrem Vater, dem Stabsfeldwebel, der einen Leutnant Schönbeck in ein Flugzeug geworfen hatte.

Für ein Wiedersehen zwischen Retter und Gerettetem war es zu spät. 350 Flugzeuge der Wehrmacht hätten damals pro Tag landen müssen, um die Truppen so zu versorgen, wie es Reichsmarschall und Luftwaffenchef Hermann Göring versprochen hatte. Doch die Maschine, mit der Schönbeck gerettet wurde, war eine der letzten, die den Kessel noch verließen. Bald schon kam keine einzige mehr. Der selbstlose Stabsfeldwebel hatte Stalingrad nicht überlebt.

Seine Tochter brachte es vor Trauer nicht fertig, Schönbeck zu besuchen. »Auch seine beiden Söhne und seine Witwe wollten mich nicht sehen.« Aber seine Schwester. An dieser Stelle angekommen, bricht Schönbecks Stimme.

Sie traf sich mit ihm in einem oberbayerischen Wirtshaus. »Sie war sehr behutsam und zog aus ihrer Handtasche ein Foto von ihm. Als ich das Foto sah, schossen mir Tränen in die Augen. In dem Augenblick wusste sie, dass ich tatsächlich der Gesuchte war. Und ich bedankte mich bei der Schwester für all das, was ich ihrem Bruder verdanke.«

Mein Freund Levy

Ich habe einen Plan. Ich möchte gerne noch einmal zu jedem meiner drei Kinder. Ich möchte so gerne noch einmal das Zuhause der drei erleben, und vielleicht werde ich mit ihnen auch über den Krieg sprechen. Diese kleine Reise werde ich mit einem Rollstuhltaxi unternehmen. Ich will hier noch einmal raus.

Es ist aber nicht so leicht, in unserem Alter noch einmal wirklich auszubrechen, und es ist auch schwer, wirklich neue Freundschaften hier drinnen zu knüpfen. Kurz nachdem ich hier einzog, gelang mir das aber. Ich begegnete einem besonderen Menschen. Damals war es üblich, dass man sich, wenn man hierherkam, an einem »Herrentag« zu Monatsbeginn vorstellen musste.

Ich habe zu diesem Anlass meine Vita erzählt. Damals führte ein Mitglied unseres Bewohnerbeirats diese Nachmittage. Das war ein Professor für Chemie namens Levy. Danach hat er mich noch einmal angerufen und gesagt: »Herr Schönbeck, das war ja heute so interessant. Können wir uns nicht noch einmal zusammensetzen?«

Er war ein exzellenter Koch. Ich hatte damals schon das Kochen aufgegeben, weil ich nicht mehr so gut stehen konnte. Er kümmerte sich rührend um seine schwer kranke Frau und schob sie mittags immer im Rollstuhl zum Mittagessen. Wir waren dort ein Kreis von etwa zehn Personen. Doch eines Tages, und das war abzusehen, starb Frau Levy. Einige Zeit später hatte ich ein Gespräch mit ihm. Das war, als wir zusammen auf dem Weg zu einem Gottesdienst waren. Und es war einer der letzten Gottesdienste, den ich besuchte.

Wir waren immer per Sie. Da sagte er zu mir: »Wissen Sie, Herr Schönbeck, ich möchte so gerne noch einmal ins Leben zurückfinden.« Bis dahin war er ja nur für seine Frau da gewesen. Bei unseren gemeinsamen Essen und gutem Wein habe ich versucht, ihm dabei zu helfen.

Dann verging einige Zeit, und wir trafen uns wieder. Professor Levy sagte: »Herr Schönbeck, ich habe mich verliebt. Und Sie kennen die Dame. Aber sie ist 40 Jahre jünger.« Ich sagte zu ihm: »Herr Levy, worauf warten Sie? Ihre Frau ist seit zwei Jahren tot. Und jeder hier hat mitbekommen, wie liebevoll und aufopfernd Sie Ihre Frau bis zum Tod gepflegt haben. Sie haben mich doch mal gefragt, wie Sie ins Leben zurückfinden können? Jetzt ist der Moment da!«

Und das freute ihn. »Was die anderen denken«, sagte ich, »das kann Ihnen doch egal sein. Es ist Ihr Leben! Und so lange leben wir nicht mehr. Also! Machen, machen, machen!« Und daraus entstand eine Ehe.

Die beiden unternahmen wunderschöne Reisen. Auf die Balearen, nach Berlin, nach Amsterdam. Und von jeder Reise haben sie mich angerufen. »Lieber Herr Schönbeck, so schade, dass Sie nicht dabei sein können. Gerade geht die Sonne im Meer unter, und wir trinken auf Ihr Wohl.« Von überall, wo sie waren. Jedes Jahr zwei, drei Reisen.

Dann sollte er eine neue Herzklappe bekommen und bekam sie auch. Als er sehr schnell aus dem Krankenhaus nach Hause kam, rief ich ihn an und fragte: »Wie geht es Ihnen heute?« Da war er todunglücklich und aufgeregt. Er habe die falsche Entscheidung in seinem Leben getroffen, sagte er, und hätte doch mit der alten Klappe weiterleben können und sollen.

Zwei Tage später begegnete ich unten in unserem Augustinum seiner Frau. Tränenüberströmt. Ich musste sie nicht fragen, was passiert war. Ich nahm sie einfach fest in meine Arme. Und dann standen wir da, die Leute gingen an uns vorbei. Und wir weinten um Freund und Mann.

Ich vermisse unsere Gespräche, nur wir beide, ganz alleine, so sehr. Mit keinem anderen habe ich derart tiefe und gefühlvolle und erbauliche Unterredungen führen können. Levy war Gastdozent an der Harvard University und von einer imponierenden Intelligenz und Menschlichkeit.

Wir beide haben mal gesagt: Dass wir den Krieg überlebt haben! Dann sagte er: »Ja, Herr Schönbeck, Ihnen flogen jeden Tag die Geschosse um die Ohren.« Und ich sagte: »Und Sie waren jeden Tag in höchster Gefahr, weil sie Levy heißen.«

Er war Jude. Und er überlebte, weil er einen besonderen Freund in der Nazizeit hatte, der ihn die ganze Zeit beschützt hatte.

Mit Levy hatte ich eine ganz enge Freundschaft.

Eine Herzensverbindung, die es ja eigentlich gar nicht hätte geben dürfen angesichts unserer Geschichte. Wir haben über alles gesprochen. Obwohl wir solch eine unterschiedliche Herkunft hatten. Wir brauchten nichts zu überbrücken.

Ich freute mich für ihn, dass er den Krieg überlebt hatte, obwohl er schrecklich von uns Deutschen verfolgt wurde. Aber er freute sich auch, dass ich den Krieg überlebt hatte, obwohl ich schreckliche Erlebnisse an der Front hatte und andere Menschen getötet habe. Wir waren uns darin einig, dass es furchtbar war, was wir durchgestanden hatten. Und dass es umso schöner ist, dass wir uns dann hier im Augustinum getroffen haben.

Auf Wiedersehen

Am Anfang unserer Treffen war ich immer etwas aufgeregt, wenn ich zu ihm ging. Weil ich natürlich nicht wusste, wie viel Zeit uns bleiben wird. Wenn Zeit wie in einer Sanduhr verrinnt, wie viel Sand ist dann in Hansis Uhr noch im oberen Ballon?

Und wie kostbar ist der Sand darinnen? Gleicht er längst nicht eher Gold als zerborstenem Gestein? Einen fast ein Jahrhundert alten Menschen zu begleiten flößt Ehrfurcht ein. Vor ihm und vor dem Leben.

Die Luft auf Lebensbergspitzen ist dünn. Aber die Aussicht groß.

Nun haben wir 19 Begegnungen für dieses Buch hinter uns. Und mit jeder wurde uns beiden leichter und leichter. Dieses Fallen in eine vergangene Zeit schien uns immer mehr wie ein Gleiten, ein Segelflug.

Wenn ich gleich noch einmal vor seiner Tür stehe und auf die Klingel mit seinem Namen drücke, kommt es mir trotzdem noch einmal so vor, als setze die Zeit aus. Als höre sie kurz damit auf zu verrinnen. Es heißt, Glück im Leben sollte man nicht ausreizen. Und so wagte ich jahrelang nicht, Hans-Erdmann Schönbeck einfach zu fragen, ob er mir nicht sein ganzes Leben erzählen möchte.

Das aber nicht nur aus Respekt vor dem Glück, sondern weil wir uns bereits voneinander verabschiedet hatten. Und das nicht nur einmal.

Ich erinnere mich an einen Besuch bei ihm im Augustinum im Jahr 2018, der sehr schön war, der aber auch etwas Letztmaliges an sich hatte. Schönbeck tat etwas, was er sonst nie getan hatte. Er brachte mich nicht nur bis an die Pforte des Augustinums, sondern begleitete mich mit seinem Elektrowagen noch ein Stück des Weges Richtung U-Bahn.

Dann hielt er an und verabschiedete sich von mir. Wenn ein Mann seines Schlags die Hand des anderen ein paar Sekunden bloß länger hält als sonst üblich, bedeutet das etwas. Genauso, wie er eine halbe Stunde vorher noch wie zufällig nebenbei erwähnt hatte, wo er denn beerdigt werden will.

Der Weg aus dem Garten des Augustinums hinaus ist sehr lang. Und so drehte ich mich noch einmal, zweimal, dreimal nach ihm um. Und er stand da, winkte – und hielt die rechte Hand über seine Augen, weil die Sonne ihn blendete. So dachte ich. Oder war es ein Soldatengruß?

Ich bin bereit

Wenn es hier oben in meinem Appartement ganz ruhig ist, dann habe ich in letzter Zeit ein Geräusch in meinen Ohren, das ich nie zuvor so wahrgenommen habe. Es klingt so, als hörte ich die Welt. Als hörte ich, wie die große Kugel, auf der wir leben, sich dreht.

Wir Menschen bemerken dieses Drehen ja eigentlich nicht. Das Wasser der Flüsse, der Seen und Meere bleibt ja schließlich auf der Erde und fällt nicht irgendwo herunter. Auch die Kräne da vorne vor meinem Fenster bleiben stehen. Aber wenn ich abends einschlafe, dann höre ich da etwas Rätselhaftes. Egal, ob zu dieser Seite Richtung Alpen oder zur Seite der Autobahn hin. Manchmal fahren dort ja nur wenige Autos. Aber immer hört man den Gummi der Reifen auf dem Asphalt.

Das meine ich aber nicht. Ich frage mich seit einer gewissen Zeit, was das also nun für ein Geräusch ist, und bin dankbar dafür, dass ich es hören darf. Bislang habe ich noch niemanden getroffen, der es auch hört.

Groß klingt das. Ein rauschender, dumpfer Ton, den ich zuvor noch nicht erlebt habe. Ich suche selbst noch nach einer Antwort auf diese Frage.

Wenn ich dieses Geräusch höre, denke ich wieder

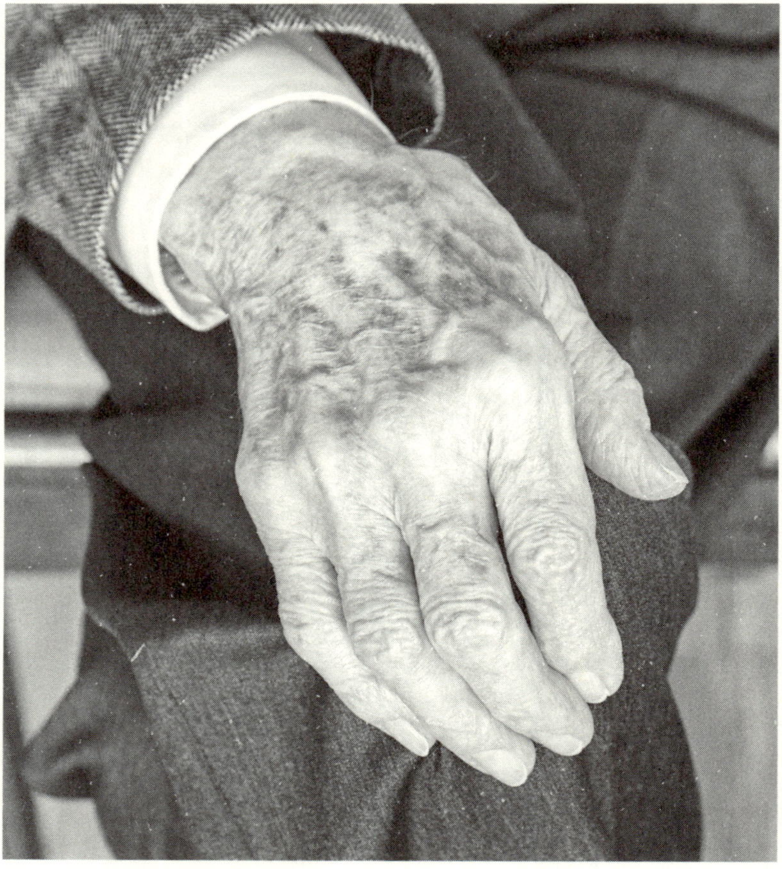

Schönbecks Hand

an meinen Mond von Stalingrad. Und den meiner Kindheit. Als Junge, wenn ich die Erwachsenen in der Dämmerung bei der Jagd begleiten durfte, fragte ich mich oft: Wie kommt das, dass der Mond so schnell wandert? Das ist ja merkwürdig. Den Mond kann ich beobachten, den sehe ich, den kann ich fassen. Dieses Geräusch aber, das kann ich nicht fassen.

Allumfassend ist es. Und das bringt mich auch in der Religion plötzlich weiter. Warum drehen wir uns denn? Warum dreht sich denn der Mond? Wer macht das denn?

Sie sehen, ich suche immer noch nach Gott.

Ich bin ein gläubiger Christ. Ich bin sogar ein Mann der evangelischen Kirche. Auch wenn ich einmal ausgetreten und dann bald wieder eingetreten bin. Ob ich an ein ewiges Leben glaube? Da muss ich es nun so hart sagen: Leider gibt es kein Leben nach dem Tod. Ich bin zu realistisch, um daran zu glauben. Ich denke aber, dass wir zu Staub werden und dass aus dem Staub neues Leben entsteht.

Sie fragten mich auch gerade, inwieweit ich bereit bin, zu sterben.

Und ich antworte Ihnen: sofort.

Aber für dieses »Sofort« musste ich erst so alt werden. So selbstverständlich wie eben hätte ich Ihnen das vor 10 oder 20 Jahren sicher noch nicht sagen können. Mein hohes Alter hilft mir dabei.

Heute würde ich sofort loslassen. Als ich vor zwei, drei Jahren einige schwere Operationen hatte, da fragte mich mein zauberhafter Hausarzt Dr. Peter Lehmann: »Kannst du das, loslassen? Und wenn ja, wann?«

Ich weiß nicht, wie das sein wird. Ob ich einfach umfalle oder ob ich noch furchtbar leiden muss, unter Umständen noch sehr lange? Weil ich so lange gelebt habe und vielleicht dann doch nicht loslassen kann? Oder kippe ich unglücklicherweise mit diesem Rollstuhl dort draußen auf dem Balkon um und keiner bemerkt es? Oder, oder, oder… Ich weiß es nicht und möchte es auch nicht wissen.

Ich hatte in meinem Leben 25 Operationen. Bei einer habe ich eine Art von Nahtoderfahrung gemacht, auch wenn ich dieses Wort merkwürdig finde. Ich fürchte mich auch deswegen nicht vor dem Ende. Ich bekam hohes Fieber und entwickelte Visionen. Ich habe gesponnen. Das hat man mir hinterher gesagt. Denn selbst gemerkt habe ich es nicht. Ich dachte damals: Jetzt ist es also so weit. Eigentlich hättest du doch gerne noch ein paar Jahre drangehängt. Und da war ich natürlich erst einmal sehr traurig. Vor Erschöpfung bin ich dann eingeschlafen, hatte aber nicht das Gefühl zu schlafen, sondern zu sterben. Ich spürte: Nun bist du tot. Ich hoffte auf irgendwelche Geräusche. Aber da war es so still.

Ich habe weder den Tunnel noch das Licht gesehen. Kein Licht also am Ende des Tunnels, kein Licht an der Decke, keine Engel. Ich habe nur gedacht: auf Wiedersehen, Hans-Erdmann. Und alles war so still um mich. Dann holten mich die Ärzte wieder zurück.

Als ich vor drei Jahren erneut eine schwere Operation hatte, saß mein jüngerer Sohn bei mir am Krankenbett. Wir dachten damals, dass es mein Sterbebett sei. Er war da, als ich aus der Narkose aufwachte. Damals, als er sich dort von mir verabschiedete, da haben wir die Köpfe aneinandergelegt, beide geweint und ohne einen Ton Abschied genommen. Das war ein sehr herzlicher Augenblick.

Sterben ist also gar nicht so schwer, wie du denkst,

sage ich mir heute. Vielleicht hilft es mir ja, dass ich in meinem ganz frühen Leben dem Tod oft nahe war. Ich denke mir: Um wie viel schwerer wäre das Sterben in Stalingrad gewesen. Nun aber werde ich leicht gehen können.

Nachwort

Als Tim Pröse mich fragte, ob er mich für dieses Buch gewinnen könnte, bat ich ihn, erst mal eine Nacht darüber schlafen zu dürfen. So habe ich das vor allen großen Entscheidungen in meinem Leben getan.

Als ich mich dazu durchgerungen hatte, habe ich nochmal eine Woche gebraucht, um die Stimmung für die Gespräche mit ihm zu finden. Ich war zunächst nicht ganz frei. Vielleicht hat Tim Pröse das gemerkt.

Aber er besuchte mich immer wieder. Ich glaube, wir trafen uns 19 Mal. Und wir sprachen jedes Mal fast drei Stunden lang. Je länger ich mit ihm redete, umso mehr habe ich bei all dem Schweren auch Freude daran gefunden.

Nun empfinde ich es als unglaublich schade, dass wir beide Schluss machen müssen mit unseren Gesprächen und Tim Pröse mich nicht mehr so oft besuchen wird. Ich werde diese Tage mit ihm nie vergessen und danke ihm sehr.

Ich freue mich, wenn Sie, liebe Leserinnen und Leser, das, was war, nie ganz vergessen. So wie ich nie vergessen kann.

Hans-Erdmann Schönbeck
München, im Oktober 2021

Dank

Ich danke Hans-Erdmann Schönbeck von ganzem Herzen. Selbst an Tagen, an denen es ihm nicht gut ging, bestand er darauf, dass ich ihn weiter interviewe für dieses Buch. Ohne seine Tapferkeit, seinen Mut, sich zu hinterfragen, und ohne seine Lebensfreude wäre dieses Buch undenkbar gewesen.

Danke an meine Alexandra, die meine Erstleserin und Ermutigerin ist.

Danke an die engen Freunde im Leben, die jedes meiner Bücher mit ihren Gedanken bereichern. Besonders an Stefan, dessen Vater, den er früh verlor, in Russland war. Und an Frank.

An meinen Werner für den Halt. An meinen Jurek Rotenberg in Israel, dessen langes Leben mir viel Hoffnung gab. An meinen Pfarrer Rainer Maria Schießler, der mir den Glauben zurückgab.

An Mario Adorf, Dieter Hallervorden, Udo Lindenberg, Konstantin Wecker und Jan Fedder für die Jahre, die Freude und die Bücher mit Euch.

An meinen Kommilitonen und Kollegen Christian Liebig, der im Irak-Krieg als Journalist ums Leben kam. An meine Kollegen Carsten Stormer und Wolfgang Bauer, die in gegenwärtige Kriege hineingehen, um zu berichten.

Ich danke Matthias Pflugradt, der dieses Buch als Freund redaktionell begleitet hat und mir eine Inspiration war.

Glückauf und Danke auch an meinen Deutschlehrer Roderich Thien und an Dr. Gerhard Klein für ihre Nähe und Freundschaft.

Ich danke jenen meiner Ratgeber, die schon lange im Himmel sind. Die mir aber nah blieben, als gingen sie noch neben mir: meine Mutter Frauke, mein Lothar, meine Hanna und meine Tanna, mein Peter, meine Großeltern Mary und Ludwig und Anne und Hans. Ich schreibe auch deswegen Bücher, weil ich dann bei Euch sein kann.

Hans-Erdmann Schönbeck und ich möchten dieses Buch all jenen widmen, die in diesem Krieg starben. Besonders gedenken wir den Opfern der Nazis. Wir denken aber auch an alle, deren Leben in den Kriegen unserer Gegenwart bedroht ist. Mögen sie so vielen Schutzengeln begegnen wie Ihnen, lieber Hansi.

Tim Pröse
München, im November 2021

Bild- und Textnachweis

Coverbild U1: Kay Blaschke / Penguin Random House Verlagsgruppe

Bilder im Innenteil: Alle Bilder stammen aus dem Privatarchiv von Hans-Erdmann Schönbeck, mit Ausnahme von:

Adobe Stock: 159 (Mikhail Vetyutnev); Akg-images: 140 (SNA); Kay Blaschke: 87, 204, 278; Mauritius Images: 265 (Photo 12 / Alamy); Picture Alliance: 122 (dpa | dpa), 246 (Sven Simon | Sven Simon); Tim Pröse: 208; ullstein bild: 98 (Heinz Schröter), 163 (ullstein bild), 249 (00249259 dpa)